Diário de uma vida em busca de sentido

ZIZA FERNANDES

Palavra de mulher

Canção Nova EDITORA — ANGELVS EDITORA — Oficina Viva

Dados Internacionais de Catalogação na Publicação (CIP)
(Câmara Brasileira do Livro, SP, Brasil)

Fernandes, Ziza
  Palavra de mulher / Ziza Fernandes. --
São Paulo : Angelus Editora : Canção Nova, 2021.

  ISBN 978-65-89093-11-5 (Angelus Editora)

  1. Diários - Aspectos religiosos
  2. Espiritualidade 3. Feminilidade 4. Literatura devocional
  5. Mulheres - Aspectos religiosos - Cristianismo
  6. Tomada de decisões I. Título.

21-81502   CDD-242.2

Índices para catálogo sistemático:

1. Diário espiritual : Vida cristã : Cristianismo
    242.2
Maria Alice Ferreira - Bibliotecária - CRB-8/7964

5ª EDIÇÃO

PALAVRA DE MULHER

Copyright 2021 © Angelus Editora, Oficina Viva Produções
e Editora Canção Nova

Direção Editorial: Maristela Ciarrocchi
Direção de Arte : Ziza Fernandes
Preparação do Texto: Daniella Novaes Filipini
Marca: Luciano Angelino
Capa e Design interno: Layla Kamila
QRCodes e textos: Layla Kamila e Ana Paula Meneses
Fotografia: Kleber Alepereira
Makeup & Hair: Márcio Oliveira
Figurino: Ziza Fernandes
Revisão: Tatiana Rosa Nogueira Dias
Diagramação: Maitê Ferreira e Raquel Lopes

ISBN: 978-65-89083-11-5

SUMÁRIO

PRIMAVERA

Setembro .... | 29

23. Refúgio .... | 31

24. Passos .... | 33

25. Exatidão .... | 35

26. Faxina .... | 37

27. Perfume .... | 39

28. Caridade .... | 41

29. Beleza .... | 43

30. Destino .... | 44

Outubro .... | 47

01. Paz .... | 49

02. Reconhecimento .... | 50

05. Amor .... | 52

07. Aparência .... | 54

10. Olhar .... | 56

15. Autoestima ..... | 59

17. Altruísmo ..... | 61

18. Entendimento ..... | 63

21. Encontro ..... | 65

29. Refrão ..... | 66

Novembro ..... | 69

01. Originalidade ..... | 71

02. Superação ..... | 73

04. Provocação ..... | 75

07. Chamado ..... | 76

10. Atitudes ..... | 77

12. Separação ..... | 79

15. Linhas ..... | 81

17. Capacidade ..... | 83

28. Decisão ..... | 85

30. Coragem ..... | 87

VERÃO

Dezembro ..... | 91

21. Passado ..... | 93

22. Respeito ..... | 95

23. Escada .... | 97

24. Gratidão .... | 99

27. Luz .... | 101

28. Espera .... | 102

30. Tempo .... | 104

31. Essência .... | 105

Janeiro .... | 107

02. Sonhos .... | 109

05. Comparação .... | 110

07. Silêncio .... | 112

08. Lapidação .... | 114

09. Perseverança .... | 117

13. Privação .... | 119

16. Ciclos .... | 120

22. Verdade .... | 121

26. Esforço .... | 123

29. Generosidade .... | 124

Fevereiro .... | 127

05. Incoerência .... | 129

07. Distração .... | 131

09. Negligência .... | 132

10. Sedução .... | 134

16. Delicadeza .... | 136

18. Autonomia .... | 137

20. Sinais .... | 139

21. Liberdade .... | 141

23. Marcas .... | 143

26. Desilusão .... | 144

OUTONO

Março .... | 149

21. Alegria .... | 151

22. Fortaleza .... | 152

23. Descanso .... | 153

24. Vocação .... | 155

26. Medo .... | 157

27. Vaidade .... | 159

29. Confinamento .... | 161

30. Entrega .... | 163

Abril .... | 165

05. Necessidade .... | 167

09. Virtudes ...... | 169

11. Inveja ...... | 171

14. Culpa ...... | 173

15. Educação ...... | 175

17. Solicitude ...... | 177

19. Escolhas ...... | 179

20. Desafios ...... | 181

25. Consequências ...... | 182

28. Paradoxo ...... | 184

Maio ...... | 187

02. Resiliência ...... | 189

03. Menos ...... | 191

05. Engano ...... | 193

07. Sabedoria ...... | 195

14. Riso ...... | 196

17. Convite ...... | 198

20. Sentido ...... | 199

25. Simplicidade ...... | 200

30. Acolhimento ...... | 202

31. Santidade ...... | 203

INVERNO

Junho .... | 207

    21. Miseriórdia .... | 209

    22. Oração .... | 211

    24. Equilíbrio .... | 213

    25. Leveza .... | 214

    26. Maturidade .... | 215

    27. Unidade .... | 217

    28. Coração .... | 219

    30. Retidão .... | 220

Julho .... | 221

    01. Referência .... | 223

    03. Crise .... | 225

    05. Passo .... | 227

    09. Proteção .... | 229

    11. Sofrimento .... | 230

    16. Modo .... | 232

    18. Fé .... | 235

    22. Revelação .... | 236

    23. Compaixão .... | 237

30. Conexão .... | 239

Agosto .... | 241

01. Colheita .... | 243

03. Chatice .... | 245

06. Fogo .... | 247

08. Dons .... | 249

10. Desprendimento .... | 251

11. Temperança .... | 253

12. Pequenez .... | 255

14. Gentilezas .... | 257

16. Presentes .... | 259

20. Esperança .... | 260

"Encontrei o significado da minha vida, ajudando os outros a encontrarem o sentido das suas vidas."

Viktor Frankl

DEDICATÓRIA

Por todas as palavras que por você foram ditas,
e que ainda serão repetidas em mim eternamente,
pois foi e sempre será voz de Deus.
Por todos os seus dias dedicados, e que ainda serão,
nesta e na outra vida, pois você não sabe viver sem se entregar!
Por todas as suas lágrimas secretas, aquelas que eu nunca vi,
mas eu sei que foram por mim...
Por todas as suas posturas, iniciativas e lutas,
que sei, mudaram o curso da minha vida,
o rumo da minha história,
e que por elas eu jamais alcançarei gratidão à altura.
Elas e suas orações continuarão, aqui e lá,
porque você é amiga de Deus. Eu vi.
Por suas incontáveis gargalhadas,
por sua simplicidade estonteante,
por sua capacidade única de rir de si mesma:
eu não poderia ter sido gerada e criada por outra mulher!
Que fantástica você é! Quanta vida superada em um só olhar!
Por tudo o que não cabe em um livro inteirinho,
esse é só o primeiro que eu dedico todo a você, Lady Mary!

Minha amada Dona Maria, a Chica para os chegados,
'Mamis' só pra mim, a avó mais amorosa do mundo!
À mulher que me ensina a viver melhor todos os dias,
só respirando e sendo ela mesma.
Esse livro é seu, Lady... É dedicado à mulher que você é!
E minha vida todinha também é sua,
pois mesmo assim,
ainda não será suficiente pra lhe agradecer...

PREFÁCIO

Há uma frase atribuída à Santa Teresa d'Ávila que me parece particularmente indicada para descrever o sabor que fica na alma depois da leitura destas páginas: "Quanto mais próximo de Deus a pessoa chega, mais simples ela se torna". Podemos dizer então que o caminho espiritual é sempre um processo de simplificação, de abandono de tudo o que é excessivo, daquilo que sobra e por este mesmo motivo, pesa ao longo da caminhada. Amadurecer no seguimento de Jesus Cristo significa entrar na dinâmica do despojamento e é isto que percebemos através das confissões dessa mulher que aos 50 com a mesma energia que esbanjava aos 25.

Conheci Ziza Fernandes por meio do Padre Anísio Schwirkowski, SCJ., um amigo em comum. Ele me confidenciou uma vez que ama providenciar encontros, penso que ele seja uma espécie de anjo mensageiro do além que passa pela vida conectando pessoas. Mesmo morando em lugares diferentes, depois de pouco tempo de nosso primeiro encontro, onde pude cantar uma canção com ela em um concerto no centro São Lourenço, no Vaticano, já havíamos feito muitos giros e viagens para apreciar algumas belezas do patrimônio cultural que o cristianismo fez florescer no velho mundo e assim fomos nos conhecendo.

Olho para ela sempre com muita admiração, não é apenas pelos tantos talentos que Deus lhe concedeu, mas por seu espírito de guerreira incansável, que não tem medo de se lançar, de se arriscar e buscar o novo. Mesmo quando os avessos da vida lhe trazem pedras e tropeços, ela se levanta sempre, cada vez mais forte e determinada, como fênix sacudindo as cinzas para renascer mais forte, mais cheia de possibilidades.

Certa vez estávamos peregrinando pelas estradinhas medievais de Assis e logo se fez tarde, as igrejas fecham cedo no inverno italiano e o tempo que tínhamos à disposição era pouco. Não lembro ao certo se era uma igreja ou um eremitério, mas as portas já estavam entreabertas, prestes a serem fechadas. Minha primeira reação foi retroceder e me resignar por termos chegado já tarde, mas Ziza olhou nos meus olhos e disse: "enquanto houver alguma possibilidade de avançar, não vamos desistir". Eu lembro ter ficado em um pouco em choque, mas entramos, visitamos tudo, ninguém nos parou ou fez qualquer dificuldade. Aquelas palavras, porém, ficaram em mim e caíram como uma epifania de lucidez. Entendi que essa é uma atitude existencial, na vida dificilmente as coisas nos são oferecidas já prontas, a maior parte delas chega depois de termos transposto centenas de obstáculos e, na verdade, as melhores, são aquelas pelas quais lutamos mais. O importante é não desistir só porque se apresentam alguns obstáculos, eles fazem parte do percurso.

São lições como essa que vamos descobrindo nestas páginas. Este é um livro de confissões, quase uma conversa daquelas que a gente só tem coragem de confidenciar para os amigos mais íntimos. Ziza, porém, vai abrindo o seu coração, partilhando as suas experiências, descortinando a sua alma, despindo seus receios, se entregando; profundamente humana, lúcida, reconciliada, mas não por isso, acomodada. Vamos descobrindo que em sua vida nada veio de graça, nem por acaso. O dom para a música ela desenvolveu e aprimorou em longos anos de estudo de piano, violão e canto. As habilidades de comunicação foram potencializadas pelas leituras, estudos e lutas contra a timidez e a insegurança. O dom para as línguas, que costuma vir com o ouvido musical, se transformou na fluência em vários idiomas, mas só depois de muita dedicação. A maturidade espiritual veio à custa de sofrimento, decepções e desencontros, tudo devidamente colocado com humildade nas mãos do Senhor e devidamente transfigurado em arte e beleza. A capacidade de acolher, de ensinar, de orientar são expressão da sua força feminina e maternal canalizada para gerar filhos e filhas espirituais. Contudo, não existe improviso, existe muito trabalho, esforço e transpiração. Isso tudo está escondido atrás das palavras destas páginas.

Não deixa de ser curioso que o livro seja dividido em quatro partes, que correspondem às quatro estações do ano e que nos lembram das quatro direções do espaço, os quatro elementos da natureza (fogo, terra, água e ar), e tudo isso aponta para o concreto, para o físico, para a encarnação do espiritual no material. Tudo é vida, tudo é dinâmico e tudo é transformação. No ciclo de um ano são apresentadas diversas experiências, descobertas, propósitos, fracassos e recomeços, porque a vida é movimento, mas também é milagre, porque que é ação do Espírito em nós. E é também um grande processo de autoconhecimento, porque não é possível crescer na intimidade com o Senhor, se não somos íntimos a nós mesmos. O que dá qualidade e espessura à sua música, à sua poesia, é determinação e coragem com as quais Ziza busca a verdade. A propósito, ainda não sei se este livro é uma autobiografia, uma obra espiritual, ou um compilado de poesias, mas me pergunto: a que serve fazer esta distinção? Basta saber que é um livro cheio de vida e de verdade.

É interessante observar que o caminho inicia na primavera, estação que marca o renascimento da natureza, a explosão das flores e o triunfo da vida. Não é sem significado que o mistério da Páscoa de Cristo seja celebrado a cada ano em uma lua cheia da primavera (pelo menos no hemisfério norte, onde ocorreu a Páscoa histórica), pois deste modo até mesmo a natureza acorda e participa do mistério de Cristo, que vem ao mundo para levar a obra da criação à perfeição. Poderíamos então pensar a Páscoa como ponto culminante, ponto de chegada, mas no percurso da nossa autora, ele é o ponto de partida, de tal maneira que tudo tem início com uma nota alta, pois em Cristo todos fomos criados, amados e salvos. Cristo é nosso alfa e nosso ômega. Dele viemos, para Ele regressamos.

Contudo, começando pela primavera, nos é apresentado o esplendor da luz radiante do verão, para depois nos deliciarmos na generosa abundância de frutos do outono e finalmente chegamos ao frio do inverno. Cada estação com o seu ritmo, com o seu dinamismo, com o que lhe é característico. O inverno, porém, não é só o frio dos dias curtos e da escuridão das noites prolongadas, ele é o momento da intimidade, da introspecção, dos movimentos letárgicos, de perceber que todo processo de crescimento é doloroso, exige profundidade e maturidade não se improvisa. É nos momentos de silêncio que a verdade aparece e se impõe como ocasião de libertação, de redescoberta, de novos compromissos e desafios, para então acumular as forças necessárias e explodir novamente de vida na primavera, construindo sempre, pela docilidade ao Espírito Santo, aquilo que Deus quer de nós: "que todos tenham vida e a tenham em plenitude" (Jo 10,10).

Deve ser por este motivo que a última reflexão evoca a esperança, que é descrita como uma criança sapeca e cheia de energia que passa por nós, nos contagia, nos desaloja e nos convida a começar de novo, sempre, porque quem organizou esta festa, é Senhor da vida. Festejemos.

Frei Sidney Damasio Machado, OFMCap.

NA NOITE DA ALMA, ENCONTREI A PALAVRA

Quando acabou de falar, disse a Simão: "Avança para águas mais profundas, e lançai vossas redes para a pesca". Simão respondeu: "Mestre, nós trabalhamos a noite inteira e nada pescamos. Mas, em atenção à tua palavra, vou lançar as redes". Assim fizeram, e apanharam tamanha quantidade de peixes que as redes se rompiam.

Lucas 5:4-6

Tenho uma relação de profundo amor com a palavra escrita. Minhas canetas e meus cadernos são minhas testemunhas. Lembro de, no meio dos sofrimentos da minha família e dramas da minha casa, meu refúgio era buscar um cantinho ao sol no quintal, ao lado da ameixeira. Ali eu respirava, procurava a fonte da vida, bebia de uma água sagrada e ali eu escrevia, escrevia, escrevia até o coração parar de doer...

A palavra escrita eterniza o encontro da alma humana com a gota do amor divino: vou me lembrar para sempre daquele exato momento em que minha alma, através da palavra, foi liberta dela mesma... Escrever é como me apresentar um espelho tortuoso e cruel, aquele em que olhamos na hora da insegurança; e depois ver que a palavra corrige o espelho e também o meu olhar. Rezar escrevendo é como ter uma segunda chance de olhar tudo, só que com o banho do tempo. Só ele é capaz de nos dar lucidez.

Meus amigos, meus velhos amigos, quando me vêem com meu caderno na bolsa e aquelas canetas que adoro (de ponta fina e que não mancham a página de trás, logo me perguntam: *"meu Deus, Ziza, Cadernos de novo?! Até hoje, amiga"*? É... até hoje e até o sempre, que me espera ali na eternidade. Não sou mulher de confiança sem ser antes a mulher da palavra.

Já são mais, muito mais que 30 anos escrevendo todos os dias, buscando a verdade todos os dias da minha vida e, confesso: eu não fui a melhor pessoa que podia ser, apesar de ter lutado muito. Meus cadernos revelam a palavra frágil e insegura que muitas vezes me habitou e expressou a menina ferida, que hoje habita essa mulher que sou e que hoje a protege. A verdade parece nascer sempre a partir da nossa fraqueza assumida, e nunca de uma mentira enrustida.

Houve dias nesta estrada em que me cansei muito, fugi de meus cadernos e chorei escondido, por vergonha das minhas decisões equivocadas, vergonha de enfrentar o olhar da Verdade sobre mim, e por isso, erroneamente reservei meus olhos cansados do caminho, somente a mim mesma. Que engano! A Palavra insistia em me visitar. Os velhos cadernos foram molhados de mim mesma, deformados pelas lágrimas que aquelas escolhas me custaram. (Você deve saber o sabor dessas palavras salgadas, mescladas à dores que vivemos todos os dias para manter o que escolhemos, decidimos e lutamos...) Até achei que tudo tinha terminado... achei que o olhar de Deus não acompanharia o meu, bem naquelas noites da alma, no custo caro da vida. Eu não percebi que era na hora mais cansativa da noite, no entardecer da caminhada, no murchar da minha vida, eu não vi que ali seria o momento mais exato para avançar e conhecer as águas mais profundas da minha alma, e continuar escrevendo.

Eu não percebi, mas Deus, o Senhor das Palavras, estava comigo! Ele estava certo, exato, preciso! Certeiro como sempre! A sombra da ameixeira lá da nossa velha casa foi testemunha de que Deus me visitou. Eu não vi quando isso aconteceu, mas como continuei escrevendo nestes anos todos, mesmo sem sentir nada, pude ler tudo de novo e hoje atesto seguramente: a palavra de uma mulher deve ser sempre documentada, pois ali Deus repousa.

Eu, muitas vezes perdida em minhas sensações e desgastes, insatisfações e comparações inúteis; só tive um Porto Seguro em momentos de cansaços extremos: a Palavra! A palavra lida, a Palavra em mim, a palavra que de mim saiu, gerando vida, vida e mais vida. Ninguém, ninguém nunca me falou à alma assim! Ninguém nunca calou meu olhar sedento, acalmou meus passos apressados para o nada, muito menos me amou assim, no auge do meu cansaço: a Palavra de Deus alcançou a palavra dos meus pequenos passos! E agora, aqui estou eu, ousando compartilhar essas palavras de ressurreição a você.

Foi ali, naqueles cadernos antigos; está sendo agora, nos meus quase 50 anos, que antevejo os peixes no mar bravio, e o convite a escrever não é para minha saciedade, mas antes para conhecer a profundidade das águas e levar você comigo a elas. Para chegar à fundura da alma é preciso dar passos nas escadas das letras.

Só agradeço por Deus nunca ter desistido de mim e hoje me permitir levar você a esse itinerário honesto através da confissão pessoal, de um autoconhecimento rasgado e uma coragem que gera mudança sem escape! Que o meu e o seu cansaço, na alta noite da vida, como naquela santa e milagrosa pescaria dos discípulos, seja caminho para nossa profundidade e de outros que virão a nós... E os peixes sejam somente consequência da nossa entrega ao Mar da Verdade!

Primavera

Não há virtude sem educação do pior vício que em nós habita. É a mesma força, tanto a do vício quanto a da virtude. Se sobressai aquela que alimentarmos mais.

Ziza Fernandes

Para começar esse caminho da maneira mais bonita, tenho um vídeo especial pra você! Depois dele, a Primavera nos aguarda!

Escaneie o **código QR** com a câmera do seu celular para **assistir**.

Setembro

> Um humilde não se esconde. Assume o risco de
> ser alguém ainda em construção. E, justo aí,
> está a beleza: saber-se amado na imperfeição
> e, na inquietude da melhora, seguir.
>
> Ziza Fernandes

Que tal ler este capítulo com trilha sonora?

Escaneie o **código QR** com a câmera do seu celular para **ouvir**

SETEMBRO

23

REFÚGIO

Já faz tempo que fiz 20. A impressão era de que a vida era infalível e eu podia tudo o que quisesse, apesar do sofrimento constante e fundo que me acompanhava diariamente em minha própria casa.

A dor de ver minha família sofrer não me tirava a esperança. Aprendi a chorar escondida: mostrar me dava a impressão de que era reforçado em mim o que não ajudaria em nada. Aprendi a "engolir sapos" imensos: era clara demais a possibilidade de jogar palavras fora em meio a tanta luta.

Desde nova, sempre fui avessa a gente muito negativa, pois negativa já era a vida em casa. Por que então piorar com mais veneno na palavra?

Parece que o sofrimento nos limpa a audição e a gente vai ficando mais sensível ao que vale a pena mesmo ouvir. Acordava cedo e, antes de ir à escola, tocava minhas fitas num velho aparelho. Eu ligava logo cedinho um salmo, uma música evangélica, algo que me elevasse a alma e me abrisse os olhos, para que eu não me perdesse, contemplando minha própria infelicidade.

Hoje, quase 30 anos depois, eu entendo como Deus me protegeu. Entendo onde era realmente o meu refúgio! Por mais maluco que possa parecer, entendo que, me permitindo sofrer com meus pais e minha família, Deus me protegia de mim mesma, do meu egoísmo, da minha sombra.

Sofrer foi o melhor remédio que Ele podia ter escolhido para me dar! Foi em bom tempo e na hora certa. Às vezes, a proteção de Deus não vem como a gente espera. Mas ela nunca falha.

SETEMBRO

24

PASSOS

Parece que, quanto mais o tempo passa, mais meu jeito de viver com Deus é prático. Não sou a pessoa mais "carola" do mundo. Ao contrário. Às vezes, parece que estou perdendo a fé, por causa dos questionamentos cada vez mais presentes e também da prática das virtudes que luto muito por viver.

É evidente que entendo todo dia um pouco mais que a parte infiel na minha amizade com Deus é a minha. Mas é incrível: quanto mais amadureço, mais entendo que Deus é comigo! Faz questão de me encher de sonhos, projetos, belezas, cursos, ideias. Não porque Ele precise desses meus serviços todos. Mas, sim, porque EU preciso oferecer a Ele e à vida o melhor que há em mim.

Eu não sei rezar sem trabalhar pesado. Sinto-me hipócrita, barganhando com Deus sem ter a minha parte para oferecer. E, ao mesmo tempo, Ele me cumula de tantas graças, tantas graças mais, que não entendo sua matemática:

sou cada vez mais miserável e Ele é cada vez mais amor. Mais generosidade. Surpresas. Realizações!

Dizem que estou "merecendo". De forma alguma estou de acordo. Mas devo confessar que a generosidade de Deus comigo é constrangedora, escandalosa, imensa. Vou dando passos novos e a graça nunca me falta.

É essencial continuar caminhando, mesmo sem ver adiante. Nada nos falta se olharmos para o olhar correto. Como diz Santa Teresa D'Ávila, *"olha a quem te olha..."*.

Não tenho o hábito de pedir, mas cada vez mais reconheço e agradeço por ter recebido de Deus essa graça imensa de rezar com a vida.

SETEMBRO

25

EXATIDÃO

Acredito que só Deus tenha a exata noção sobre nós e nossas ações e intenções secretas. Estamos mais que calejados de nos explicarmos tanto para que outros nos entendam bem, não nos julguem mal ou compreendam com toda a certeza o que realmente nunca tenhamos querido dizer.

A exata noção das coisas mora na entrega, na generosa intenção de querer o bem do outro, pois a compreensão perfeita não existe. Mas existe, sim, a vontade forte e uma decisão imbatível de se deixar conduzir pela verdade, beleza e bondade. Estou um pouco cansada das instabilidades das explicações. Quero paz. Entrego os pontos que não preciso segurar, pois o que posso estou mesmo fazendo e o que não posso, não é meu: é de Deus. Só nesse lugar tenho paz.

Às vezes, o maior amor se expressa no silêncio, na tolerância e na espera. Isso é coisa de gente adulta, que sabe se domar de tanto ter sido formada pelas circunstâncias da vida. E essa tal vida adulta a gente custa a conquistar. Deus é sempre providente em nos sugerir caminhos surpreendentes para que a conquistemos. A exata noção sobre mim é só Deus quem tem.

SETEMBRO

26

FAXINA

Estava precisando de um tempo só meu, em que eu pudesse honestamente escutar meu interior e dar-me atenção precisa, quase cirúrgica. Quanto tempo levamos para reconhecer que a grande maioria das vezes em que a angústia nos visita é apenas um convite para uma conversa olho no olho, cara a cara? Quanto tempo?

A angústia é uma dúvida momentânea, que não foi ouvida dignamente e começa a apertar a alma por dentro. É um convite a um espelho que, ao invés de mostrar o que está ajustado e belo, aceitável e louvável, mostra a sombra, o limite, as mentiras, as fugas. É tão digno saber que a beleza verdadeira só existe se passa por esse espelho do encontrar-se consigo nas sombras, nas dúvidas, nas fraquezas!

Hoje foi dia desse espelho: um encontro comigo, no qual a responsabilidade de ser eu mesma não cabe em nenhum outro ombro, a não ser no meu próprio. Hoje foi O dia! Alguns "desplugam" a alma no domingo. Para mim, é dia sagrado. Que venha a verdade tão esperada!

SETEMBRO
27

PERFUME

Nenhuma gota de nossas lágrimas,
especialmente em tempos difíceis,
será desprezada. Todas elas serão perfume,
que se espalhará pela casa toda.
Pelo bairro, pela cidade, pelo país, pelo mundo!

Aguenta mais quem reza.
Quem fortalece seu espírito.
Todo sofrimento vivido com sentido
torna-se sacrifício oferecido!

Que não percamos nosso foco.

Podcast *Leveza Feminina*

Foram alguns anos gravando áudios formativos e exclusivos, baseados no livro *Leveza Feminina* e, especialmente pensados para a educação da alma e do imaginário feminino.

É um conteúdo muito estruturante, pensado especialmente para seu crescimento e fortalecimento pessoal.

Acesse e se surpreenda!

SETEMBRO

28

CARIDADE

Tenho ramificações em mim de tudo o que faço. Os galhos, flores e folhas de meus sonhos muitas vezes ultrapassam meus muros e chegam aos quintais de meus amigos, meus parceiros de trabalho, meus companheiros da arte.

Há quem repouse debaixo das sombras de meus galhos. Quem se irrite e inveje o quanto meus galhos cresceram. Também há quem se alegre de olhar as flores dos meus galhos chegando. Não jogam água nem terra. Só observam e desfrutam. Há outros, de intenções tão ardilosas que, ao olharem minhas folhas, fazem com que elas murchem. Levo um tempo para me recuperar.

Mas há aqueles que, imediatamente, ao me verem crescer em galhos, folhas e flores, logo me sugerem onde podar. Lá onde corro risco de quebrar, de me danificar ou me perder. E eles têm aquela sagrada tesoura da caridade, coisa que só amigo verdadeiro tem.

E, com eles, minhas árvores seguem frondosas, minhas plantas florescem, meus galhos se fortificam. E tudo melhora somente por um motivo: já não há muros entre os nossos jardins. Podamos as nossas árvores e crescemos juntos. Estamos do mesmo lado.

SETEMBRO

29

BELEZA

Que nada me amarre ao chão sem ter a alma abraçada ao infinito, pois gosto mesmo é de pés descalços no chão da graça de cada dia.

Deus ri de meus planos e me abençoa com um caminho único, original e cheio de aventuras. A maior delas? Não duvidar nunca de que cada sonho que rego foi plantado por um anjo enquanto eu dormia, recostada no esforço e na disciplina.

Que a rota da beleza seja meu mapa. O nosso! É só seguir.

SETEMBRO

30

DESTINO

Minha bússola tem sido minha consciência profunda, Ó, Deus. Nela me escondo e te peço, baixinho e sinceramente, que me olhes nos olhos e busques em mim alguma intenção que seja torta, alguma maldade no caminho ou um bem que tenha faltado a algum irmão.

Temo teu olhar nos primeiros segundos, mas depois me derreto e entendo que me amas, não sei como.

Vou soltando a tensão dos braços, o cansaço das lutas, as machucaduras das palavras ouvidas ultimamente. E, então, desce aquele choro morno, percorrendo meu rosto e descansando meu coração. Nesse exato momento, tua graça me alcança.

Eu não sei explicar, mas confio. Sinto-me amada assim desse jeito estabanado que sou e com essas mil coisas que invento fazer. Tu me amas, me abençoas. E me abres portas novas, por onde nem sei ainda passar.

Deixo que as lágrimas andem livres e, aos poucos, sou outra. Com lucidez sobre meu destino e clareza sobre minhas responsabilidades. Respondo por amor. E essa é minha maior força.

Entendo onde tudo pode ser recomeçado, limpo meu rosto e sigo com meu destino mais compreendido. Agradeço aquele olhar único, poderoso e terno, que sabe falar comigo como consigo compreender e não me agride nunca. A gratidão brota... e a vida recomeça. Obrigada, bom Deus. Obrigada!

Este mês fica melhor quando acompanhado pelas canções do EP *Segredos*. **Na época em que foi gravado, vivi uma retomada da minha biografia, espero que aconteça o mesmo.**

Escaneie o **código** QR com a câmera do seu celular para **ouvir**.

Outubro

> Feliz de quem tem, seja lá o que for, e que não se deixa conduzir por aquilo que teve. Mas, antes, se dirige pelo que há de sagrado em si, que não se vê, não se toca, não se cobra e não se enjaula, mas jamais se extingue: o amor.
>
> Ziza Fernandes

OUTUBRO
01

PAZ

Essa certeza de saber-me olhada e cuidada com profundo amor, mesmo quando não sou tão boa comigo mesma como deveria...

"Amar o próximo como a ti mesmo" é mandamento e não sugestão. Entendo que, muitas vezes, a menina rebelde que me habita esquece dessa ordem e muda as prioridades, deixando de lado o fato de que amar a mim primeiro me ensina a amar os demais, e não o inverso.

Ouvi, esses dias, de uma senhora muito sábia, que, às vezes, *"nossa religiosidade desencarnada nada na culpa"*. Será? Talvez por isso esqueçamos desse estruturante amor-próprio. Que as ordens se ajeitem, que as prioridades se recoloquem e a gente não tenha vergonha nenhuma de se olhar no espelho em paz.

OUTUBRO

02

RECONHECIMENTO

Amadurecer significa deixar para trás muitas coisas que já não nos dizem respeito e assumir outras, que nos definem, com intensidade e compromisso.

Muito do que pensamos sobre nós mesmos passa pelo pensar daqueles que respeitamos e admiramos. E, quando um deles passa a nos olhar como não gostaríamos, talvez a primeira reação seja de dor em relação à rejeição que isso nos causa.

Mas, analisando mais devagar, com a coragem que a maturidade traz, realizar bem uma tarefa, com toda a consciência de esforço e dedicação, deveria ser feito sem que a expectativa de reconhecimento nos atormentasse. Deveria e pode ser uma ação livre e, por isso, poderosa. Mas não: ficamos à mercê de aplausos, uma prisão socializada e massacrante.

Como superar esse desejo de aceitação e reconhecimento? Vivendo com a verdade clara sobre nós mesmos diante dos nossos olhos. Conhecendo-nos profundamente, ainda quando isso nos provoca dor e vergonha. Aceitando e amando esse ser a quem vamos desafiando com o tempo e escolhendo livremente a simplicidade e a honestidade da ação na condução da vida.

Fazer algo honestamente por amor nos torna livres e mais fortes do que imaginamos! Ser livre deveria ser algo simples, e o anonimato nas nossas grandes ou pequenas conquistas não deveria nos incomodar: sabemos o que fizemos, não é mesmo? Não basta? E por que não basta?

A liberdade interior só vem com a força do tempo, toda depositada na fidelidade a si mesmo e à fonte máxima de amor: Deus.

OUTUBRO 05

AMOR

Deus me ama. Essa verdade é imensa, titânica, maravilhosamente incompreensível e inexplicável! Deus me ama e eu não consigo alcançar o motivo, por mais que eu tente.

Ele me sorri escancaradamente e me diz que será assim mesmo: tudo fora da curva, fora do padrão dos ditadores de regrinhas de aceitação e apadrinhamento de vida pública. Tudo sem direito a troca nem devolução, sendo absurdamente interessante e fundo, mas só visto por quem tem disposição de se cavar e se enxergar no mesmo caminho. Tudo assim, solitário aos alheios a si mesmos. Anticomercial e inexplicavelmente sustentável. Tudo deserticamente árduo e, por isso, maravilhoso!

Assim, Ele me sorri diante da aridez do caminho artístico e intelectual, nesse mundo virado cada dia mais do avesso. Assim, Ele me ama na madrugada e me revira inteira, dizendo-me para não recuar, pois pouco ou nada foi vivido e que o amor ainda vai se revelar mais poderoso e forte. Ele me ama e eu cedo. Derretida e convencida em Sua presença.

    Deus me ama e não há explicação para isso. Só vivendo! Só vivendo para dizê-lo com a vida.

OUTUBRO
07

APARÊNCIA

Já faz muito tempo que trabalho com música e, há muitos anos, batalho em meu interior para ser sempre a mesma pessoa: a de dentro e a de fora de casa. Aquela que adora uma roupa furada para ficar em casa e aquela que ama um vestido longo, que balance ao andar. Aquela que ama o silêncio e também a que dispara a falar.

Mas eu tenho uma dificuldade grande, bem grande. Por ser muito determinada, muita gente acredita na "aparência" da minha personalidade e acaba tendo medo de mim.

Alguns não vão com minha cara mesmo, e imagino que estes são os que têm lupas sobre meus defeitos: não há espaço para redenção ou melhoras. Outros me amam tão grandemente que não entendo o que veem para me amarem tanto! O fato é que amam e eu fico tão constrangida, tímida e sem graça que, muitas vezes, a aparência, que é de discrição, acaba parecendo de prepotência. É que, no fundo de mim, há ainda aquela menina que precisa acreditar que merece ser amada simplesmente por ser... e nada mais.

E, assim, vamos caminhando nas contas das aparências e não temos muito tempo ou paciência para esperar que as pessoas se "descasquem" ao caminharem conosco. Julgamos rápido... julgamos mal. Julgamos muito mal!

Dou graças a Deus pelas poucas e valiosas pessoas que me amam de roupa rasgada em casa, cheirando a alho ou cebola ou aos choros pelos cantos, como costumo ficar quando estou cansada ou sofrida. Eu me calo e eles me entendem.

Poucos são os que choram conosco sem quererem nos "consertar" logo. Poucos suportam a dor do outro e esperam até que passe, pois isso é prova de amor e maturidade. Mas esses poucos são o ouro da minha vida!

Bendito seja Deus pelas pessoas que atravessaram minha aparência para amarem minha essência! Sem eles, eu não teria me visto. Não teria me reerguido, muito menos continuado. Deus tem a aparência que vejo no sorriso amoroso e insistente dos meus amigos. Sou feliz demais por ter sido "descascada" pela vida ao lado deles! Eu os amo. E eles sabem quem são.

OUTUBRO
10

OLHAR

Ontem eu errei. Antes de ontem também. E antes de antes de antes de ontem.

E que diferença faz o dia de hoje em relação ao de ontem? Qual o sentido que me faz seguir, me superar, me ajustar? Onde encontro forças para olhar de novo o olhar que feri ou diante do qual me senti ferida? Onde me recupero? Apoiada em quem eu me levanto?

Busco as respostas dessas perguntas em mim e encontro um caminho estreito, bem estreito. No avião toca a música *"Saber amar é saber deixar alguém te amar"*. E eu começo a encontrar minhas respostas: como Deus pode amar alguém como eu? Assim... amando. E ponto final.

Olho para esse olhar e tudo ganha outra cor! A coragem humilde de pedir perdão e de ser perdoada, aceitar o pedido e pedir não me faz voltar a andar e seguir: me faz voar!

      Tudo começa a mudar quando aceito quem ainda sou e quem me tornarei com novas decisões. Não estou só. Ele me vê! É somente amparada nesse sagrado olhar que tudo volta ao seu lugar. N'Ele me levanto. N'Ele recomeço.

Playlist *A Louca da Casa*

Quem é a louca que rouba a minha cabeça?

Quando pensamos em loucura, logo pensamos em insanidade, não é mesmo? Mas não é sempre assim, a *Louca da Casa*, segundo Santa Teresa d'Ávila é a nossa imaginação mal-educada.

Aqui você vai encontrar uma seleção de músicas pensadas para educar e organizar seu imaginário feminino.

OUTUBRO

15

AUTOESTIMA

Estimar-se e tratar-se bem está longe de ser um pecado ou uma tolice a ser deixada de lado. Se fosse assim, o mandamento sagrado não seria *"amar o próximo como a ti mesmo"*, mas "ame o próximo e se deixe sempre para depois".

Eu confesso que sempre há um conflito em mim para equilibrar esse autocuidado. Parece culposa a voz que me chama ao amor-próprio, mas não é verdade. Respeitar-se, cuidar-se e tornar-se amável e elegante é missão pessoal de cada um de nós. Sem que esses cuidados se transformem em um fim e sem depender deles para sermos o melhor de nós. Mas que esse amor-próprio seja reflexo do amor existente nesse espaço interior onde nossa essência habita, onde Deus mora.

Às vezes, há mais paz nas "rugas históricas" de nosso rosto, e muito mais autoestima presente nelas, do que no desespero de esconder as mesmas marcas que o tempo naturalmente deixou, buscando algum tempo que não existe mais. As intempéries que a vida escreve em nosso sorriso geram força em nós e permanecem fincadas em nossa face. Para mim, isso é autoestima: ser quem sou assumidamente. Não esconder de ninguém a pessoa que a vida está construindo em mim. O resto? É vaidade.

OUTUBRO

17

ALTRUÍSMO

Do dicionário, *"tendência ou inclinação de natureza instintiva que incita o ser humano à preocupação com o outro"*.

Quase sempre que me fazem uma boa ação, fico pensando na conta que chega depois. O que terei de fazer para compensar o ato de bondade recebido, como se gestos de real amor fossem moedas possíveis de serem trocadas em algum momento da vida.

Custa-me esforço aceitar amor gratuito. Não deveria ser assim! Um gesto realmente livre e movido de amor não deve esperar a volta. Eu sei, não é nada fácil não entrar nessa "matemática amorosa atual", mas é uma decisão de amadurecimento humano a escolha pela liberdade, por cortar as expectativas e também não as alimentar.

Não dever amor a ninguém, mas agir livremente, é uma escolha, é uma cura interior. É o tipo da cura que recebemos quando oferecemos o que nunca tivemos, simplesmente pelo fato de a graça de Deus em nós ser maior que qualquer falta que possamos ter vivido na vida.

Sim, altruísmo também é uma faceta nobre e encantadora que não vem pronta em nós. Deve ser construída conscientemente e fortalecida pela fé.

Que sejamos livres ao dar e receber amor. Sem cobrar nem esperar, mas tampouco resistindo ao receber.

OUTUBRO

18

ENTENDIMENTO

Bem ali atrás, um pouco antes de hoje, era assim: o fato de entendermos as coisas parecia suficiente para acalmar uma alma inquieta e perturbada como a minha. Como a nossa. Compreensão era o nome da porta da paz.

Hoje, não. Piorou demais. Entender já não provoca resiliência e autossuperação. Entender já não nos põe em silêncio e contemplação, pois já não parece ser mais um verbo integrado, que abraça a vida inteira da pessoa. Entender, hoje, significa curtir ou não curtir. Seguir ou não seguir. Clicar e deixar seus contatos ou nem clicar.

Entender está ficando raso demais porque a gente não tem mais paciência com o que é sagrado! Ter paz e ciência do que é realmente importante é o que nos traz a calmaria, mesmo diante de situações muito adversas.

Parece que a luz do conhecimento está sendo desperdiçada e já não provoca, como antes, o respeito diante da realidade: a gente briga com a vida e espera que ela responda bem, sem consequências ou cobranças. Apenas queremos que ela não nos aporrinhe mais, enviando incômodos inúteis.

Entender. Tender a estar envolvido, abraçado, tomado pela verdade, e deixar que ela nos eduque para algo mais elevado do que os desejos mimados do nosso próprio umbigo.

Deus nos ajude a entender. Entender direito! Entender profunda e comprometidamente! Pois jamais seremos homens e mulheres fortes sem a sagrada boa vontade do entendimento.

OUTUBRO

21

ENCONTRO

Se Deus mora em mim,
como posso permitir que eu seja
má companhia a mim e a Ele?

Que cada um de nós tenha um encontro
consigo e, nesse honesto encontro, possa
descobrir o que tem contado de mentiras
para si mesmo, chegando ao ponto
de acreditar nelas.

A verdade em nós pode começar
numa boa conversa com o espelho.

OUTUBRO

29

REFRÃO

Ontem me sentei ao piano e segui. Segui meu coração, procurando as palavras mais sinceras, as melodias mais honestas, a expressão mais pura de uma alma que só queria encontrar a Deus. Ninguém mais.

A solidão é a roupa mais bonita que tenho para vestir quando me sento diante de Deus, com minha viola, meu piano, meu lápis e meu velho caderno. Não há como encontrá-Lo sem seguir para dentro de mim. Às vezes, o caminho é regado de brasas ardentes e dói demais me encontrar espelhada nelas. Mas muito de mim necessita passar pelo fogo para virar ouro brilhante e puro.

É preciso seguir. Não nasci para andar para trás. Amo meu arado e ele me espera. Meu caminho é único, para a frente e para dentro de mim. Não há arte verdadeira que não passe por essa senda. Nasci artista e com essa vocação: sorrir, passando descalça pelas brasas, e fazer delas meu melhor refrão.

Que nada, nada me tire o sorriso do rosto! Porque meus pés são como os da corsa... às vezes, voam. Mas só voa quem crê.

Tem uma música que combina direitinho com o que você vai ler a seguir, mas presta atenção que estará em italiano, idioma no qual tenho muitas histórias para contar, aproveite!

Escaneie o **código QR** com a câmera do seu celular para **ouvir**

Novembro

*Se tomar uma decisão, não deixe a vida para depois.
Siga com toda a força. Porque, mais importante que
o acerto, é ter tido a coragem de decidir.*

Ziza Fernandes

NOVEMBRO

01

ORIGINALIDADE

*"Eu não tenho medo. Eu
nasci para fazer isso."
(Santa Joana D'Arc)*

Gaudí* e sua originalidade estrondosa, sua coragem artística e sua ousadia estética me chamam muito a atenção.

Nenhuma originalidade acontece do dia para a noite. Leva-se muito tempo para a gente se transformar em quem realmente é. Parece que passamos anos e anos tirando camadas e mais camadas que fomos acumulando sobre nós mesmos, quando, na verdade, a vida verdadeira sempre anda de mãos dadas com a simplicidade.

Gosto de admirar suas obras, seus projetos, as cores que nelas inspiram tanta vida, o lúdico tão evidente e aliado ao sagrado. Nada é à toa, e uma curva que parece despretensiosa nos leva ao mais elevado da alma.

Estive na Casa Batlló há muitos anos e jamais esqueci a experiência de poder estar nesse ambiente, fruto da obsessão pela originalidade e da personalidade desse artista.

Deus me ajude com um milionésimo dessa coragem e me livre da infâmia de ser covarde diante de meu próprio chamado. Não sou somente uma pessoa chamada a fazer coisas. Mas, antes, a ser uma pessoa de verdade e livre.

Eis o meu caminho de maturidade: tornar-me quem realmente sou, e não o que esperam que eu seja, por pura conveniência ou satisfação alheia.

---

* **Nota do editor:** Antoni Gaudí i Cornet foi um famoso arquiteto espanhol, falecido em 1926. Foi um dos representantes máximos do modernismo catalão. Suas obras, em sua maioria localizadas na cidade de Barcelona, como a Casa Batlló, evidenciam um estilo original e autêntico.

NOVEMBRO

02

SUPERAÇÃO

Há lugares em minha alma com os quais tenho um diálogo praticamente todos os dias e, por mais que seja estranho dizer, a morte é um deles. Ela passou a ser uma amiga que me aconselha diariamente e me diz coisas que, em tempos de ilusão, essa falsa onipotência e um constante engano, achando que a vida era infinita, eu não ouvia antes. Simplesmente não ouvia.

Desde a morte de meu amado pai, em 2016, esse assunto passou a se aproximar e eu, sem perceber, comecei a mudar. Passei a pensar mais que um dia a mais sendo vivido é um dia a menos em direção ao muro máximo que me espera: a morte. Sou finita. Somos finitos. Pensamos pouco nisso, pois o incômodo da perda de poder sobre nossos próprios passos é muito grande.

Aos poucos fui descobrindo que a vida é mesmo aquela parábola em que o patrão entrega talentos aos seus servos e sai de viagem, esperando ver o que cada um fará até o dia de sua volta. O que entregaria eu no dia da volta do "meu patrão"? Que pessoa estou construindo com minhas ações, com minhas escolhas, com minhas habilidades?

Ao final da vida, não acredito na conta de tudo o que fiz para jogar a meu favor no banco da salvação e, assim, pleitear um lugar privilegiado na vida eterna, ao lado dos anjos e arcanjos. Mas desejo, do fundo do meu coração inquieto, que eu tenha paz em entregar a Deus uma alma que tentou se superar ininterruptamente, em todos os aspectos da vida. Que amou até os poros e não guardou em celeiros o que não lhe pertencia.

Hoje é Dia dos Mortos. Também é dia daqueles que em algum momento morrerão, pois morreremos, e essa é uma certeza que não devia nos tirar a paz, mas gerar vida. Deus nos ajude a viver esse dia com responsabilidade e comunhão com Ele.

Que as saudades não nos ceguem em julgamentos ou busca de motivos vãos pela perda de alguém. Nunca perderemos alguém que amamos, pois todos os dias amamos mais, mais e mais! Mas podemos entregar essas pessoas no dia de hoje, com toda nossa saudade doída e o vazio que nos habita quando pensamos nelas. Podemos viver melhor, dando mais de nossos passos em direção à vida verdadeira, aquela vivida por amor, eterna, pois essa é a melhor resposta à morte que, certamente, nos espera um dia.

NOVEMBRO
04

PROVOCAÇÃO

Quem nunca sentiu aquele "bicho" interior saindo de dentro da gente, sem que ao menos soubéssemos que ele existia? Quem nunca quis voltar o relógio e apagar da própria biografia momentos humilhantes, recheados de apegos, orgulhos e ignorâncias, e que simplesmente não precisavam ter existido? Quem nunca se envergonhou por ter sido a pior pessoa possível, quando podia ter sido dona de si e, sabiamente, ter escolhido o caminho da perda e da dor, pois obviamente era o melhor, e só a gente não viu?

Essa provocação humilhante diante da vaidade que a gente pensa não ter é algo maravilhoso a ser vivido, pois nos acorda de um sono horrendo sobre nós mesmos. Deus nos dê sempre chapuletadas para que possamos acordar para o que realmente vale a pena.

Que nosso choro seja por motivos dignos e nossa luta por coisas eternas. E não por essas tolices em que temos nos metido. Que Ele nos provoque mais. Muito mais!

NOVEMBRO
07

CHAMADO

A vida pede espaço num movimento sutil em minha alma. E eu só respiro e já sei que ela está me esperando.

Não posso deixar de responder. Não posso esperar que outros respondam por mim. Não posso terceirizar essa dignidade de existência. É nesse exato lugar que toda a felicidade mora e todo o esforço se estabelece.

Ninguém pode dar o próximo passo em meu lugar. Aqui vou eu! Que minha vida seja honrada com esforços secretos e estruturantes.

NOVEMBRO

10

ATITUDES

Se não houver vento, reme.

Caminhar para algo além de nós mesmos nos salva de um buraco sem fim e que sempre nos chama ao egoísmo. Não somos o centro da nossa própria vida.

"O ser humano não é produto de suas circunstâncias: o ser humano é produto de suas decisões." (Viktor Frankl)

É difícil tomar uma decisão? Sejamos a palavra certa apenas com nossas atitudes.

Playlist *Aos Amigos*

"Na companhia de amigos encontramos forças para alcançar nosso sublime ideal."
(São Maximiliano Kolbe)

Uma playlist especial dedicada à amizade, para você ouvir e enviar a seus amigos!

NOVEMBRO
12

SEPARAÇÃO

Em alguns momentos, sinto uma dor no peito. Não sei dizer como nem de que tamanho. Como chega e muito menos como se vai. Só sei que é duro sentir.

Não é física. Não é como aquela dor de cabeça, dor de estômago, dor de esforço físico, dor de dente, dor de velhice. Não é. É uma dor na alma, como quando a gente sofre por alguém. A gente olha para a pessoa e, se pudesse, limparia a memória, respiraria sem lembranças, reviraria o tempo e arrumaria tudo na nossa biografia, para que aquela dor nunca tivesse existido.

Mas... não passa. Não passa. Então, é preciso deixar ir. Soltar o que não nos pertence. Deixar que cada pessoa siga seu rumo e que, nesse escoar da vida, não obriguemos ninguém a andar na mesma estrada que a gente anda.

E dói de novo. Talvez doa até mais. Mas, desta vez, vai sarar. Leva um tempo, mas a lembrança vai tomando um remédio sagrado chamado liberdade. E, assim, a dor vai amenizando. Pois dor é o que sentimos quando as coisas não são como desejávamos que fossem.

    Aprender a sentir dor, soltar e seguir é amadurecer. Vamos em frente.

NOVEMBRO

15

LINHAS

Em linhas escrevemos a história. Por linhas de amor nos ligamos a algumas pessoas em nós. São aquelas que amamos e envolvemos em olhares que se aprofundam pela linha do tempo. É o amor sendo costurado às folhas de caderno nas quais nos confessamos, choramos, rimos, começamos de novo e permanecemos.

Algumas linhas que usamos são raras, daqueles carretéis sagrados e contados, que usamos para pessoas bem especiais, mesmo que elas não usem o mesmo material sagrado. Quem foi que disse que é obrigação do amor ser sempre recíproco? O que aprendi na vida, e ainda estou aprendendo, é que a obrigação do amor é não cobrar nunca.

Há linhas que usamos para costurar nossos vínculos. E outro tipo de linha que algumas pessoas usam conosco: são de um tipo que temos que cortar sempre. Talvez por se tratar de uma linha mais frágil, dessas que soam como um passatempo, expressam interesse, apenas divertimento ou mesmo de falta de compromisso, devemos cortá-las. Sem dó.

Quando identificamos linhas desse tipo nos rondando para nos amarrar, a tesoura deve entrar em ação e o medo de perder deve imediatamente perder a vez, pois não existe amor algum que seja merecedor de tratos inconsequentes.

Com a linha da vida, minha pipa já voou bem alto. Mas, ultimamente tenho mais cortado e dado linha. Faz parte. Perder em paz é só um sinal de que a maturidade está chegando. E com toda a força!

NOVEMBRO

17

CAPACIDADE

Quantas vezes escutei que eu não era capaz, mesmo que indiretamente, de escrever ou cantar ou de fazer coisa alguma que fosse digna de confiança e respeito. Quantas vezes muitos olhares viam apenas o sofrimento da estrada em mim e não a força para vencer a caminhada que gritava em meus olhos. Quantas vezes recebi deselegâncias disfarçadas de agrados, que me diziam para desistir e fazer alguma coisa "mais importante" da minha vida... e eu segui! Com as forças que, às vezes, nem tinha.

Impossível não me lembrar do sentimento de quando eu chegava nos meus shows por aí pelo mundo e os seguranças me barravam na porta, pedindo que eu comprasse ingresso. Ou quando chegava nos aeroportos e a primeira coisa que eu ouvia era: *"Meu Deus, você é tão pequena... tadinha..."*.

Foram muitos os momentos em que tive a oportunidade de desistir, de andar para trás, de ser menos do que minha vocação de vida pedia. De morrer aos poucos, fingindo-me viva. Mas tudo isso me construiu e me fez uma mulher corajosa demais!

 O que eu faço com tudo o que ouvi? Enxergo, admito, assumo, ressignifico. Com o tempo aprendi também a transformar em beleza, em música, em palavra. Em LIVRO!

 Não há expressão que descreva a sensação maravilhosa que sinto depois de ter vencido a mim mesma. Não há.

NOVEMBRO

28

DECISÃO

*"Quero trazer à memória o que
pode me dar esperança."*
(Lamentações 3:21)

Decidi alimentar minha alma com coisas boas, conteúdos que me façam ver a verdade e que me ajudem a ser melhor a cada decisão, vivendo segundo valores cristãos: claros, sólidos e elevados. Não é fácil. Mas é uma escolha pessoal. Há quem alimente sua memória só de autopiedade, reclamando sobre o que não teve, não conseguiu, não mereceu. Iiihhh... se eu fosse fazer essa lista, tatuaria na testa a palavra "vítima" e jamais teria a sensação maravilhosa em mim da minha própria vida.

Esses dias, colhi uns frutos amargos em meu caminho e percebi que não podia culpar ninguém. A ingênua tinha sido eu mesma: depositei confiança em quem não devia. Tomei meu aprendizado no bolso e saí andando, pois a melhor resposta que posso dar a quem quer que seja é ser, no mínimo, melhor do que ontem. Ninguém tem culpa sobre as nossas escolhas. Precisamos aprender isso de uma vez por todas!

      Sim, eu quero trazer à memória tudo o que me traz esperança. Escolhi a vida, não a morte! Esperança é força que faz andar aquele que sabe exatamente onde mora sua fraqueza e, mesmo assim, não é guiado por ela.

NOVEMBRO
30

CORAGEM

Deus me deu coragem hoje. Foi secreto, foi discreto, foi lá no fundo de mim. Mas eu vi! A mão suou frio e a memória funcionou com força total. A coragem era para descer lá no fundo de mim e me olhar por dentro a olho nu, para não mais culpar ninguém por minhas infelicidades secretas ou decisões mal tomadas.

Deus me deu coragem hoje e foi para olhar no meu espelho interior. Me ver por dentro, às vezes, me dá medo. Mas, hoje, foi com medo mesmo! A melhor coisa que pode nos acontecer, secretamente, é essa visita estonteante da graça de Deus, nos levando para um lugar de onde nunca deveríamos ter saído: o interior de nós mesmos. É lá o quarto de Deus. Onde calço seus chinelos e finjo voar com os pássaros que não guardam nada em celeiros.

Hoje, Deus me deu coragem! Se vai sobrar para amanhã, eu não sei. Mas que hoje Ele me deu... aaahhh, Ele me deu!

**Tenho um vídeo
especial para você!**

Escaneie o **código QR** com a câmera
do seu celular para **assistir**.

Verão

Na dúvida entre uma pequena mentira e uma grande, lembre-se que ambas são mentiras.

Ziza Fernandes

Os sentimentos deste capítulo foram traduzidos neste álbum, gravado em 2007 e sempre atualizado em meu coração.

Escaneie o **código QR** com a câmera do seu celular para **ouvir**.

Dezembro

*Ser luz não é sobre brilhar.
É sobre iluminar caminhos.*

Ziza Fernandes

DEZEMBRO

21

PASSADO

    Há algum tempo, fui visitar um dos mosaicos mais antigos de Roma. Uma preciosidade, uma joia da arte romana! Ali, na porta de passagem para vê-lo, parei para refletir sobre esse passo na vida adulta, a minha vida de hoje em dia.

    Temos medo de olhar para trás e dar nomes a tudo o que realmente vivemos. Queremos alívio emocional daquilo por que passamos, mas nem sempre queremos a verdade sobre os fatos vividos. Dói olharmos para nós mesmos e nossos atos a olho nu.

    Quem nunca sentiu vergonha de si mesmo e um desejo de esquecer-se em algum lugar do passado? Há quem siga tentando se esquecer. Ou quem finja que não viveu, não sofreu, não magoou nem foi magoado.

    E, de repente, o corpo começa a contar tudo o que a consciência resiste em admitir. O corpo nunca mente. Já a mente... essa não se garante por si só sem uma poderosa decisão do ser humano pela verdade.

    Nesse dia, passei muito tempo tentando movimentar minha consciência a lugares não muito confortáveis de se estar. Mas eu sei que é lá, é exatamente lá, que forjo a melhor mulher que me habita. Jamais conseguirei ser a melhor versão de mim fugindo da minha sombra ou delegando aos outros as minhas incompetências.

    Ali, decidi, mais uma vez, viver a minha própria vida. Pedi que Deus me ajudasse a honrá-lo com decisões melhores. Então, olhei novamente para as minhas sombras e escolhi viver na luz.

DEZEMBRO

22

RESPEITO

Tem gente que nasceu com um sol na testa, uma lucidez no pensamento, uma clareza no falar que, em minutos, parece que esclareceu nossa vida toda. Mas também tem gente que nasceu com o rei na barriga, que se acha no direito de entrar na nossa vida sem convite e sai opinando em TUDO em que não foi chamada. Gente assim tem muito mais de intrometida que de enviada.

Eu não aprendi ainda. Não sei mesmo como dizer a alguém quando está atravessando a minha cerquinha imaginária. Sinto tanta vergonha alheia que me dói só observar o vexame que a pessoa está passando sem ao menos perceber. E me paraliso.

Dia desses, ouvi uma expressão que quero guardar para sempre: leitura de ambiente. Ler o ambiente é uma expressão técnica e prática para explicitar o famoso "fica na tua". Então, desejo a todos nós uma intercessão poderosa: que Nossa Senhora do Bom Senso nos ajude a fazer essa leitura e achar bem rapidinho o nosso lugar, para que gente se meta o menos possível na vida dos outros! Para mim, é assim que se ilumina a vida de alguém: com respeito.

DEZEMBRO 23

ESCADA

Lembro-me bem, depois de um sofrimento muito, muito grande que vivi, que passei a sonhar todas as noites. Acordava assustada, suando e taquicárdica, no meio dos pesadelos, e buscava uma saída, um sentido, uma resposta. Mas a dor era imensa e me cegava. Como sempre nos cega. Ficamos ofuscados exatamente naquele lugar em que precisamos enxergar para conseguir seguir.

Eu tentava todos os dias me dizer a mesma coisa: *"É humano sofrer... vai passar. Mas, para você ser mais humana, não pode fechar os olhos. Passar não é fingir que passou!"*.

Nas primeiras noites de pesadelos eu sempre estava em enchentes, quase morrendo afogada, sempre me faltando o ar. E o espaço para chegar até onde havia ar era muito, muito apertado! Sinto em meu corpo até hoje as sensações desses sonhos.

Os pesadelos foram seguindo e, aos poucos, a água daquela enchente ia diminuindo. E, no meio da tentativa de permanecer viva, eu sempre olhava para aquela escada, no centro da minha casa interior, onde eu podia subir, tomar fôlego, respirar. Havia alguém depois da escada! Havia!

A voz de comando no sonho era: *"Sobe, Ziza! Sobe logo!"*. E eu nadava, nadava, nadava até quase desistir. Aí, então, eu acordava... acabada. Muito cansada.

Na noite seguinte era a mesma coisa. A força das águas da vida vinha sobre mim. Comigo, o esforço para não me desumanizar e a voz que me chamava, sempre: *"Sobe, Ziza! A saída é para cima e não para baixo!"*.

Esses sonhos estão completando 10 anos. Nunca mais esqueci. Hoje eles me fazem absoluto sentido. *"Sobe Ziza, olha para cima. A luz e o ar puro, no meio da dor, vêm de cima!"*.

Ainda me revolvem as entranhas as cenas que sonhei, aquelas que já senti na pele inúmeras vezes. Mas fico com a voz que me acordou e sempre me acorda para ver a luz. A LUZ!

Cada um de nós precisa subir a própria escada, nadar as próprias águas e cansar seus próprios cansaços para, enfim, entender que toda vida é sagrada. E que, para iluminar, bastar respeitar a escada do outro, com toda a sua alma e de todo o coração.

DEZEMBRO
23

GRATIDÃO

Se eu pudesse, ao mesmo tempo, no mesmo minuto exato, visitaria todas as pessoas a quem sou grata e que estão espalhadas pelo mundo inteiro. E, com um buquê imenso de flores, tocaria a campainha, o deixaria na soleira da porta e sairia correndo.

Me esconderia ali por perto, só para ficar espiando e poder ver o rosto dessas pessoas, que já são tão amadas e especiais, ao se sentirem mais amadas ainda!

Porque amar gratuitamente e sem expectativa é coisa de quem ama de verdade.

Conheça *Marta Catarina, A Louca da Casa*

Quem é a louca que rouba a minha cabeça?

Quando pensamos em loucura, logo pensamos em insanidade, não é mesmo?

Mas não é sempre assim, a *Louca da Casa*, segundo Santa Teresa d'Ávila é a nossa imaginação mal-educada.

Aqui você vai encontrar uma seleção de músicas pensadas para educar e organizar seu imaginário feminino.

DEZEMBRO

27

LUZ

É tão bom quando alguém próximo a nós vê a vida com outros olhos e nos ajuda a perceber que a luz não está iluminando somente onde estamos colocando nosso costumeiro olhar. Ela está iluminando tudo e ainda trazendo algo novo consigo.

Ter alguém que nos ensine caminhos novos é ter um portador do céu por perto. É um privilégio!

DEZEMBRO

28

ESPERA

Esperar pode ser das coisas mais irritantes na vida à mais bela. Depende de tantos fatores! Talvez o principal deles seja o foco do nosso olhar, para onde estamos realmente olhando, mas com aqueles olhos da alma, que miram além.

Há um abismo entre a expectativa e a esperança, mas ambas se alimentam da mesma condição anímica: não termos o controle do momento exato em que nosso foco de espera será resolvido.

A expectativa é cheia de condições e se alimenta de exigências sufocantes que não nos levam a nenhum lugar, enquanto esperar implica em respeitar o tempo. Em confiar no vento do Espírito e se preparar tanto para o sim como para o não, pois esperança que estrutura e nos constrói realmente não existe se não for baseada na liberdade.

Esperar também pode significar apostar no outro, acreditar nele depois de tantas tentativas frustradas e, ainda assim, seguir ao seu lado, mesmo que tudo já tenha dado errado uma vez, duas vezes, dez vezes. Porque quem tem esperança não desiste nunca, apenas enxerga a vida e as possibilidades sempre de maneira nova e flexível.

DEZEMBRO

30

TEMPO

O tempo revela tudo, inclusive a fuga ou a construção da maturidade.

Sabe as nossas decisões, aquelas que achamos que ninguém está vendo, e que estamos nos escondendo superbem, para depois revelar o tão pensado plano? Pois é... essas decisões são evidentes no nosso modo de viver.

Não há nada que a gente possa esconder tão bem da gente mesmo que um dia não venha à tona, escancarando tudo e nos contando quem somos de verdade.

DEZEMBRO

31

ESSÊNCIA

"Tudo o que você precisa está dentro de você", e o que não está em você, está no seu amigo, completou Ana, uma grande amiga minha.

Só conseguimos enxergar isso de verdade quando perdemos as falsas - e dispensáveis - seguranças. Esvaziar-se é um caminho sem volta, que não deve ser "reclamado", mas vivido e assumido.

Que a gente se esvazie de tudo o que é supérfluo e dispensável. Que possamos enxergar o essencial. Deus nos abra os olhos e fortaleça nossos passos!

Janeiro

> Buscar o sentido, o verdadeiro sentido que nos faz seguir adiante. Encará-lo de frente e deixar brotar a esperança na alma. É assim que devemos recomeçar, sempre.
>
> *Ziza Fernandes*

Este é o mês do meu aniversário, 1 de janeiro. Aprofunde sua experiência de leitura com as músicas do meu álbum que fiz em homenagem ao meu amigo Martín Valverde, em decorrência dos meus 30 anos de carreira, melhor fase da minha vida.

Escaneie o **código QR** com a câmera do seu celular para **ouvir**.

JANEIRO
02

SONHOS

Precisamos nos manter acordados! Às vezes, cochilamos diante de nosso sentido de vida, aquele que nos arranca um esforço que nem imaginávamos ser capazes de ter em nós.

A sonolência nos pega sem fazer alarde e vamos deixando para traz nossos sonhos, aqueles que guardamos a sete chaves e que, muitas vezes, não contamos nem a nós mesmos.

Precisamos mostrar a Jesus todos eles. Que nenhum sonho se mantenha vivo em nós sem já ter recebido o misericordioso olhar de Jesus!

JANEIRO
05

COMPARAÇÃO

Tem muita gente que escreve melhor do que eu. Muitos. São milhares! Sou uma iniciante. Mas faz muito tempo que aprendo com todos eles.

Tem muita gente que canta melhor do que eu. Eu escuto sempre essas pessoas e absorvo muito delas todos os dias. Também tem muita gente muito mais inteligente do que eu. Aaahhh, se tem! Eu respiro e já acho. Está todo mundo aí, para quem se interessa em encontrar.

Não preciso nem piscar para saber que existem muitas pessoas melhores do que eu em alguma coisa que eu me arrisque a fazer na vida. Essa é a vida!

Eu preciso sempre saber meu lugar. Como? Reconhecendo a realidade sem me destruir. Ela me indica para onde quero ir e me ajuda a posicionar minha habilidade com humildade e coragem. Ter a quem olhar alimenta o sonho que me habita.

Que fique bem claro: o meu sangue gasto, o meu tempo doado em tudo o que faço, meu esforço para melhorar sempre, minha entrega a tudo o que construí em quase 50 anos de vida, estes só têm um endereço. O meu corpo. Minha vida!

Que cada um de nós honre o que construiu com o suor de suas próprias mãos, banhadas pela graça de Deus. É um senso de realidade que nos salva de nós mesmos.

Que cada um entenda, em sua própria experiência, o sentido de justiça: a divina e a humana. Que ninguém fique se comiserando e se comparando para se destruir, sempre carregando consigo a sensação de insuficiência. Comparar-se, sem um sentido de desenvolvimento e melhora enraizado em si é a porta do inferno.

"A César, o que é de César! A Deus o que é de Deus!"
(Marcos 12:17)

JANEIRO
07

SILÊNCIO

Silêncio também é dizer. Há quem diga com atos evidentes no decorrer da vida e não precise de falatório para mais se justificar que posicionar. Dizer fazendo é melhor que falar sem fazer muito. Tenho preferido a ação discreta e constante, a vida gasta e a palavra cumprida que a propaganda exacerbada de uma vida oca e sem raiz.

Hoje, mais que nunca, prefiro o compromisso cumprido que o cartaz falso. Prefiro aquela porta estreita por onde só passa o necessário, pois tem sido o único jeito de ter a verdade entranhada e poderosa em minha consciência mais profunda. Não adianta ouvir as expectativas dos demais e nelas enraizar o sentido da vida. Essas vozes interesseiras não acordam buscando a verdade em meu travesseiro. O que conta realmente é o que se passa no mais privado da alma humana e se transforma em ação, se há compromisso real, em nome do bem maior que a visita.

    Que o silêncio seja voz poderosa se acompanhado com a vida absolutamente entregue. Aí, sim, será palavra viva!

JANEIRO

08

LAPIDAÇÃO

Eu sou bicho selvagem quando pisam no meu calo e duvidam de minha capacidade de tentar. Não tem coisa que mais me tire do sério do que duvidarem de mim. Meu sangue ferve, borbulha de raiva, enquanto a cara permanece falsamente inabalada.

Aprendemos a disfarçar aquilo que nos faz melhorar. A esconder o que nos define. A macular aquilo que nos sacraliza! Não fomos educados afetivamente para conseguir responder que não merecemos o que estamos ouvindo. Logo vem o julgamento externo e saímos como "coitadinhos", pois pontuar o que é justo parece coisa de gente carente e fraca.

A educação mútua parece não mais existir, e o que esperam é que a gente finja que não viu, que não escutou, não sentiu, não pensou. Que não percebeu a trama. E "ai de quem" não fingir: está ultrapassado, não está bem, não é mais adequado nem útil.

Entendo que o que tenho de mais valioso é exatamente o que poucos conseguem amar em mim com profundidade, compreensão e tolerância. Sigo sendo pedra bruta, a ser lapidada todo dia. Mas já não admito ser pedra falsa. Eu creio na vida eterna, onde o chão que se pisa é o da verdade. Nenhum outro haverá lá.

Programa *Leveza Feminina*

Um conteúdo que não coube somente nas páginas de um livro, mas transbordou e se tornou também uma série em vídeos, *meeting, podcasts.*

É um projeto que eu tenho um carinho imenso e que apresento a você como um itinerário de formação e educação para sua alma de mulher.

JANEIRO 09

PERSEVERANÇA

    Poderia ser um estado humilhante e completamente desconfortável, mas não é. Poderia ser irritante tentar, tentar, tentar e ainda tentar de novo, mas não resisto: sigo! E cada dia mais forte.

    Poderia ser desmotivador ver, cara a cara, olho no olho, meus terríveis defeitinhos que meus amigos são quase que obrigados a suportar diariamente. Mas isso não me joga para trás! Poderia me fazer chorar todos os dias, me empurrar para o buraco negro da depressão ou mesmo para a ausência de sentido de vida, mas não me faz. Eu persisto, eu continuo, eu resisto.

    Quando olho no fundo dos meus próprios olhos, só encontro uma resposta para eu me suportar tão inacabada e tão imperfeita assim: sou amada. Sou profundamente amada. E o sou sem exigências de perfeição em contrapartida do amor. Sou amada exatamente assim, inacabada! E é essa constatação diária que me faz seguir, pôr a mão no arado e não me dar nem o direito de olhar para trás.

Inacabada: assim sou e seguirei sendo por muito tempo. E, se isso desperta algum incômodo em alguém, é só o fato de que lhe falta o que é tão escancarado em mim.

JANEIRO

13

PRIVAÇÃO

Não me lembro quando foi exatamente que a palavra "não" passou a fazer parte, com tanta força, do meu caminho. Desde pequena tenho recebido tanto "não" que "não ter", "não ser" e "não poder" foram realidades básicas sobre as quais eu pisei com força e segurança.

Ser privada de muito do que desejava certamente me construiu. Sei que a criança que em mim habita deseja todos os "sim" deste mundo. Mas a mulher adulta entende que privar nem sempre é uma ação injusta ou punitiva, recebida ou realizada, mas um gesto de educação da alma, que merece cuidados e, principalmente, proteção.

Percebo que a privação de muitas coisas me protegeu demais! Principalmente para aprender que as coisas mais valiosas não são compráveis, trocáveis, domináveis. Mas elevadas, silenciosas, eternas! Privar-se é educar-se para a vida real. Que ocupe espaço na alma só o que é eterno.

JANEIRO
16

CICLOS

Tenho observado cada vez mais os acontecimentos ao meu redor. Não somente os que me dizem respeito, mas também os tempos de vida e escolhas daqueles que eu amo.

Parece-me que a vida é realmente cíclica e que, se não nos cuidamos nas escolhas feitas, não permaneceremos no mesmo lugar. Ao invés disso, andaremos para trás, pois não escolher também é um tipo de escolha.

Cada vez mais, penso no plantio da vida e em quanto tempo colherei uma decisão tomada hoje, mesmo que secreta e privada, provada e difícil, mas feita e vivida à luz da verdade. Exatamente aí encontro minha segurança. Ela não depende de quem me responde, me apoia ou anda comigo pelo caminho ou decisão tomada, mas garante colheita segura.

Nada que é plantado na verdade é vão. Nada! Ela vale a pena por si mesma, e não somente por seus frutos. É questão de amor concreto e amadurecido escolhê-la.

JANEIRO

22

VERDADE

Não consigo separar veracidade de liberdade. Por mais que eu tente, às vezes, ajustar a realidade às minhas expectativas, essa premissa de que elas são inseparáveis me ensina a cada dia. É melhor ser uma pessoa livre e que tem a coragem de dizer "não" verdadeiramente, do que ser hipocritamente boa, vendendo os minutos preciosos da minha vida, fingindo que estou feliz em um lugar de onde preferia já ter corrido há tempos.

Algumas pessoas preferem ter de mim os agrados à verdade. E agradeço a Deus não os ter a oferecer! Pois "agradozinho" como moeda de troca tira toda a veracidade do amor que me habita, e passo a ser refém do outro quando não assumo minha liberdade como base da verdade que me realiza.

Quando fazemos coisas para agradar os outros, em troca de uma impressão que achamos que estamos passando, é bom parar para pensar. Esse tipo de semente já é estéril antes mesmo de ser lançada... não leva a lugar algum! Cristo nos fez livres e essa é a verdade mais linda que pode nos habitar.

Coragem! É tempo de começar!

JANEIRO

26

ESFORÇO

Quanto somos realmente esforçados diante do que nos dispomos a fazer?

Fico pensando onde habita o exato limite até onde o meu esforço e minha competência me levam e a partir de onde a benção de Deus se manifesta e me conduz além dos meus limites e esforços humanos.

Não sei exatamente onde é o lugar limítrofe. Só sei que a graça sempre me visita depois do esforço e do compromisso entregues. Não, a graça não depende do esforço. É o esforço que se esclarece diante da graça!

JANEIRO
29

GENEROSIDADE

Hoje foi um dia forte por aqui. A prudência precisa me acompanhar de mãos dadas com a coragem, pois tanto uma como a outra me ajudam na iniciativa precisa e assertiva, diante dos desafios da vida prática.

Acertar não é tão simples, mas é meu foco, é a direção para onde estou olhando. Especialmente quando das minhas decisões depende também o bem-estar de outras pessoas.

Em tempos de tensão e crise, temos a oportunidade de ver claramente onde está o coração de cada um, e eu posso experimentar aquilo que Viktor Frankl* ensina tão bem: que meu sentido de vida está fora de mim e me faz ocupar meu ser inteiro com algo tão importante, maior do que eu e que, ao mesmo tempo não seja eu mesma, está fora de mim.

Deus siga nos abençoando e nos ensinando a viver com sobriedade, lucidez e, principalmente, generosidade nas pequenas coisas.

---

* **Nota do editor:** Viktor Emil Frankl, falecido em 1997, foi um neuropsiquiatra austríaco. Fundou a terceira escola vienense de psicoterapia, batizada de Logoterapia e Análise Existencial. O Dr. Frankl tornou-se mundialmente conhecido depois de sobreviver a quatro campos de concentração nazistas e descrever sua experiência no livro *Em Busca de Sentido*.

fevereiro

Você já olhou os sinais, as delicadezas de Deus hoje? Ele fala conosco nos pequenos detalhes.

Ziza Fernandes

Tudo fica melhor quando ouvimos belas canções e quando essas mesmas canções trazem histórias verídicas. É isso que você encontra no álbum Essência: histórias inesquecíveis!

Escaneie o **código QR** com a câmera do seu celular para **ouvir**.

FEVEREIRO

05

INCOERÊNCIA

Quando cortado um tronco de árvore, de maneira a fazer-se ver as linhas que contornam e desenham a forma de seu interior, podemos ler toda a sua história. Nas marcas ali deixadas, podemos saber o nível de esforço daquela árvore para manter-se em pé diante dos ventos, as chuvas ou enchentes pelas quais ela passou, a que tipo de invasão química se sujeitou, quanto sol tomou e de quanta água necessitou.

Se uma árvore, frondosa e linda, que a qualquer momento pode se tornar o armário da cozinha de casa, tem marcas da história sobre si, como não estará nosso interior, diante da qualidade ou tragicidade dos relacionamentos sob os quais construímos a nossa vida?

Às vezes, precisamos de uns chacoalhões da nossa circunstância para que possamos perceber que algumas marcas não são sinais do que somos obrigados a viver, mas da nossa covardia em não saber dizer "não", da nossa incoerência disfarçada de bondade. Maldade disfarçada de bondade é pior que maldade pura!

O ato de negar também nos constrói, pois protege nosso melhor e maior "sim". É essencial analisar onde precisamos dizer "não" e, com medo de ser rejeitados, seguimos engolindo o que não devemos. Onde precisamos do chicote que o próprio Jesus utilizou para limpar do templo os vendilhões e interesseiros? Ainda que em silêncio e discrição, vou aprendendo que tenho, sim, direito ao uso do santo chicote.

Que nosso templo seja limpo pela vassoura da honestidade. Que as marcas que carregamos sejam dignas e sinais de nosso esforço em direção à melhor parte da vida, e não somente fuga da pior. Ao final da limpeza, o sorriso do Cristo nos aguarda, dizendo, com riso frouxo e escancarado: *"Demorou, hein?".*

FEVEREIRO

07

DISTRAÇÃO

Hoje me senti como criança nas mãos de Deus, sendo guiada por Ele e completamente dependente de Seu amor e lucidez.

Por um segundo, achei que tinha perdido essa mão amorosa sustentando a minha. Mas não era a ausência d'Ele... Era a minha distração, mesmo. Ele é sempre, sempre fiel!

E eu não sei dizer sobre outra coisa a não ser esse amor imenso que me visita, me constrange, me sustenta, me eleva. Sigo sendo d'Ele. Completamente.

FEVEREIRO

09

NEGLIGÊNCIA

Todo mundo já viveu aquele momentinho em que se fez de morto e fingiu que não viu o que realmente viu, não é mesmo? Todo mundo sabe qual é a exata sensação de vestir o casaco da falsidade, tentando se convencer de que ele dava a pseudossensação da verdade. Todo mundo sabe fazer "cara de poste" quando, na verdade, deveria tomar partido, abraçar a verdade e aguentar o tranco!

Já me vi em inúmeras situações em que a vida me apertava contra a parede da minha consciência, com a verdade mais pura, justamente em meu momentâneo prestígio, fosse com uma pessoa ou um público inteiro à minha frente. Não deu para fingir: Deus estava mesmo falando comigo! Era uma proposta de vida. E vida eterna. As colheitas das sementes lançadas foram me ensinando, um dia após o outro.

Aprendi a confiar em poucas pessoas e, mesmo com elas, preciso do exercício da liberdade concedida, para que eu tome a "vacina antiexpectativa", antes que minhas garras de justiceira façam alguma besteira sem volta.

Passei a observar mais do que falar. A prestar mais atenção nas perguntas que me fazem que nas curiosidades que me embrutecem. Fui apanhando e aprendendo, e sigo no aprendizado!

Hoje, a inconsequência diminuiu e continuo na luta constante por ser uma pessoa pequena e de verdade. Não quero negligenciar esse chamado único que sinto de ser uma pessoa de verdade! Deus me ajude a nunca desistir.

FEVEREIRO

10

SEDUÇÃO

Paro sempre para pensar, bem devagar, respirando lentamente e percebendo, no mais fundo de mim, qual era a exata sensação de ter sido seduzida por alguém, sem nem ao menos ter perguntado se as gentilezas, paciências, os "jeitinhos" não passavam de meras tentativas de aceitação ou uma forma velada de pedir o que não se pede, de se exigir o que não se exige.

Não, a sedução enganosa não acontece somente num relacionamento amoroso, mas também toda vez que a gente acha que fulano é "bonzinho" e "muito querido". E, bem lá no fundo, não é nada daquilo.

É triste se decepcionar ao se ver enganado ou seduzido pela inverdade de alguém. Mas sempre é tempo de reconhecer que, se alguém nos enganou, é também porque em algum lugar de nossa alma não ouvimos a voz da verdade, que sempre nos acende uma luz vermelha no íntimo e mais secreto da nossa percepção, quando as mentiras aparecem.

Deus nos abençoe com a verdade e nos livre de toda a mentira! E que essa libertação comece com nossa coragem de sermos nós mesmos, em qualquer situação. Sem faltar com a caridade, claro!

FEVEREIRO

16

DELICADEZA

O tempo tem me ensinado que tudo o que me pertence realmente nunca será perdido, roubado ou danificado, pois não é palpável, comprável ou trocável: está em mim, no mais sagrado de mim, no âmago do meu ser.

E, por estar AINDA em mim, percebo que é uma delicadeza dos céus e do próprio Deus que eu não tenha perdido essa habilidade de viver, confiada assim, pelo caminho. Tenho tantos defeitos... Todos os dias, merecia uma sova para melhorar o juízo e outra para refazer o caminho. E, ainda assim, Deus permite que essa vida esperançosa siga aqui em mim!

Sou rosa teimosa, que se sabe podada e teima em seguir mais um pouquinho de tempo pelo simples prazer de reconhecer-se tecida. Que não se teceu sozinha.

O tempo ensina tudo. Se não pelo amor, sempre pela dor, mas tudo ensina. Tudo!

FEVEREIRO

18

AUTONOMIA

Deus não me dá tudo o que peço, mas sempre recebo mais do que mereço. Por isso, fui aprendendo a pedir pouco. Quase nada. Vou rezando em atos, em esforços contínuos, em dedicação perene, em entrega dos minutos e não somente dos grandes projetos.

Às vezes, Deus não me diz nada. Absolutamente nada. Fico como surda, podendo ouvir, cega podendo ver, manca podendo correr. Sinto um medo imenso, pois não entendo bem sua voz, seu sopro, sua pista. Esses são os dias mais importantes da minha vida, pois entendo claramente que Deus me permite ter uma imensa autonomia: Ele confia em mim, mesmo que isso seja muito difícil de acreditar e, mais ainda, de sentir.

É nesses dias que *"tenho deveres e vivo de consciência"*, como bem diz meu amado Viktor Frankl*. Minha consciência me lembra valores eternos e me convida a viver por eles, especialmente nos dias secos, árduos e baldios. Quando esses dias passam, e a brisa volta a passar na minha janela, eu rio com Deus. Dou-lhe uma piscadela e logo digo: *"Eu vi, viu? Eu vi!"*.

Como é bom decidir bem na autonomia da vida. Não é salutar pendurar nossas decisões nos cabides de ninguém. Cada um com a sua e todos se ajudando de alguma maneira. A única coisa que não funciona é eu ficar esperando, sentada, que Deus faça alguma coisa. Ele já me fez. E isso me basta para começar de novo qualquer coisa!

Que ninguém tenha que me lembrar quem devo ser. Que seja livre e poderoso o simples ato de existir por mim mesma, sem estar amarrada a ninguém. É com esse tipo de gente que Jesus costumava se encontrar. Vale o esforço.

---

* **Nota do editor:** Sobre Vicktor Frankl, consultar nota da página 125.

FEVEREIRO

20

SINAIS

É tão bom quando a régua das nossas decisões
está na nossa alma e não no julgamento alheio!

Já parou para pensar que a vida pode
estar te dando uma outra chance
neste exato momento?

Dois Tempos

Amigos que se reúnem para fazer música ao vivo produzem uma arte inigualável: a arte permeada pelo amor.

Que você possa oferecer estas canções a seus melhores amigos.

FEVEREIRO

21

LIBERDADE

Já faz um tempo que estivemos, eu e uma amiga querida, num dos aeroportos do Brasil, e fomos tomar um cappuccino numa dessas lojas de chocolate que a gente ama. Eu estava "toda trabalhada no tecido", ajeitada, maquiada, feliz da vida de ir para casa depois de um trabalho bem especial. Então, pedimos aquele cappuccino delicioso.

A moça, muito simpática, nos perguntou: *"Vocês querem creme?"*. E eu, animadíssima, respondi que sim. Ela separou as duas xícaras e trouxe aquela máquina de espuma deliciosa, para colocar o creme na nossa frente. Eis que o inesperado (inesperado MESMO!) aconteceu: a máquina explodiu! A máquina explodiu bem na nossa frente e o creme voou pela pela loja toda! Minha roupa, novinha, passou a ser uma torta com cobertura generosa de chantilly. Gordura branca por todos os lados!

Um silêncio atroz tomou conta dos nossos lábios. Uma olhou para cara da outra e, contendo um riso frouxo diante do ridículo que estávamos passando em pleno aeroporto, passamos a olhar devagar para a loja inteira: um caos instaurado em forma de chantilly!

Naquele exato momento eu entendi o imenso valor que é rir de si mesmo. Eu ri! Nós rimos! Mas rimos muuuuuito, sujas de creme e mortas de felizes! A parte imperdoável da história é que, mesmo sujas e gordurentas, ainda pagamos a conta.

A razão de contar esse episódio: que sensacional é a liberdade de passar por algo ridículo e saber, com toda a certeza, que ninguém é menor que ninguém, e que ninguém é maior que ninguém.

Basta explodir um chantilly na nossa cara que a gente vai perceber rápido que calibre tem nossa alma. Aquela com a capacidade de rir ou aquela com a capacidade de atacar o outro, quando tudo dá errado. Adorei perceber que faço parte do primeiro time!

Agradeço à minha amiga por escrever uma história única de amizade comigo. A gente nunca mais vai esquecer o que é andar suja e feliz o resto do dia. É coisa de gente livre!

FEVEREIRO

22

MARCAS

Outro dia, enquanto esperava por uma pessoa que me atenderia, não conseguia tirar o olhar de uma árvore próxima.

Eu me vi ali. Toda torcida, marcada, sinuosa, cheia de lembranças que o tempo promoveu, algumas resistências que as feridas da vida insistiram em deixar e teimosias que eu já tentei arrancar. Mas, de repente, eu me dei conta: do meio daquela tortuosidade toda de árvore que era, do meio daquele tronco extremante cicatrizado, do meio de tanta sinuosidade, naquela improbabilidade de ver beleza e esperança, nascia uma flor.

Sou o tronco. A flor está logo ali... nascendo. Somos troncos. Nenhum de nós vive sem cicatrizes. Sermos marcados pela vida só significa que não desistimos de viver! Sim, sou o tronco. E de ver a minha flor chegando eu não abro mão.

FEVEREIRO
26

DESILUSÃO

Qual será a diferença entre esperança e ilusão? Há um abismo entre essas duas realidades, já que a esperança, virtude cheia de beleza, é um abraço da vida sobre alguém, enquanto a ilusão é essa janela da alma que dá para lugar nenhum. Sem cor alguma, sem forma e pontiaguda de projeções.

Já me fiz essa pergunta várias vezes no decorrer do meu caminho, principalmente depois de projetos frustrados, decisões fracassadas, decepções e pessoas deformadas em mim diante de tristezas mal depositadas.

Depois de andar muito, e de bailar perigosamente pelo abismo existente entre essas duas companheiras de viagem, encontrei uma palavrinha importante no processo: a clareza me visitou.

Entendi que a esperança mora no hoje, pois aceita o agora em função de um depois melhorado.

A ilusão, ao contrário, mora no depois, e sempre nega o presente ofertado pela vida. Nunca nada está bom. Faz com que eu não agradeça pelo passado e que o futuro seja uma enxurrada de ansiedades temperadas a desconfianças.

Qualquer sombra de negação é terreno fértil para a ilusão. Onde há aceitação humilde, a esperança baila na sapatilha de ponta.

A ilusão cega os olhos. A esperança nos provoca a ver. Qual delas deveria mover nosso suspiro?

**Tenho um vídeo
especial para você!**

Escaneie o **código QR** com a câmera
do seu celular para **assistir**.

Outono

*Não há ninguém forte que não tenha
conhecido muito de perto sua fraqueza.*

Ziza Fernandes

Deixe estas canções lhe guiar nas reflexões deste mês, pois em cada canção há uma pérola escondida em forma de oração.

Escaneie o **código QR** com a câmera do seu celular para **ouvir**.

Março

*Que nossa entrega seja completa.
Que nossa liberdade seja regada de desapegos
e fortalecida na gratidão.
Que nada nos prenda, a não ser um amor
profundo pela verdade.*

Ziza Fernandes

MARÇO

21

ALEGRIA

Que não nos falte alegria, e que ela seja uma escolha consciente e determinante no nosso interior. Que ela seja uma maneira de enfrentar o que for preciso em nome da vida.

Que seja também sinal do nosso sustento maior, o Amor Divino, que será cada vez mais a voz guia dos nossos próximos passos. Que a gente escolha distribuir essa alegria, irmã da esperança e prima do bom humor, e tenha a caridade de espalhar a necessidade da realidade que nos circunda sem matar o sentido da nossa vida: o amor.

Que não nos falte alegria! E, onde faltar, que possamos inventar.

MARÇO

22

FORTALEZA

A Deus eu peço força e que em mim seja
construída a virtude da fortaleza.

Que, somada à sua graça, eu possa
dar passos concretos, decididos e corajosos,
ainda que tremendo, naqueles lugares da
alma onde sinto medo, muito medo.
Pois, antes de ser forte, preciso saber onde sou
fraca e, só de admitir, já começarei a mudar.

Mas enxergar, admitir e não agir não vai ajudar.
Que o medo não me defina, que a coragem não
me iluda e que eu saiba equilibrá-los
perfeitamente, pois é assim que deve ser:
o exato equilíbrio entre
força e fraqueza... fortaleza!

MARÇO
23

DESCANSO

Dia desses eu me chateei com uma pessoa querida. Custei a me conformar e pensei em conversar e resolver aquele nó dentro de mim, por meio dessa ferramenta tão eficaz, o diálogo.

Mas ando aprendendo cada dia mais que há esforços vãos quando feitos na hora errada. Que nem tudo que se quer demonstrar precisa ser dito, pois, na maioria das vezes, o mais importante é deixar claro o que se quer dizer em atitudes, nos gestos, nas escolhas e ações.

Nas ações conhecemos a maturidade de alguém. Ler as nossas próprias deveria ser exercício diário. Foi assim que entendi meu lugar, a forma, o caminho. Entendi a necessária distância, até que a presença seja saudável, livre e sem melindres.

Entendi de onde vem meu sorriso sincero. Não de onde sei que está tudo resolvido, porque esse lugar é uma ilusão adolescente: não existe! Vem da certeza de que só Deus abarca nossa humanidade imperfeita e errante. Ninguém mais!

Só agora entendo o porquê de Ele dormir no barco, sem dar satisfação nem alardear o desnecessário, enquanto os discípulos se batiam entre si, cheios de expectativas sobre Sua maturidade pacificadora.

Ah, Senhor... Você me surpreende sempre. Sempre! Por isso eu sigo. Agora sei o que é descanso de verdade: é o Seu olhar sobre mim.

MARÇO

24

VOCAÇÃO

Gravar. Registrar a percepção da vida em cada sílaba, em cada idioma. Estar presente no momento presente e, sem testemunhas, a não ser minha consciência, dar o que há de mais verdadeiro em mim.

É uma busca pela verdade através do sopro vital: a voz. Eu amo essa busca. Eis a minha vocação!

Conheça meu clube de assinatura, o *ZFClub*

Um espaço digital, privado e seguro, de crescimento pessoal integrado, espiritualidade inserida na vida prática e muita cultura.

Uma proposta criativa, séria e multifacetada em um só lugar visando somente o nosso fortalecimento, pois vou crescer também estando com você!

Espero por você!

MARÇO
26

MEDO

Ontem me perguntaram, à queima-roupa, se eu sentia medo. A minha presunção foi tanta que "relinchei" por dentro, subi no salto agudo em segundos e ofendi ao perguntador, dizendo que a questão era por demais imbecil e ridícula. Claro que não!

A circulação sanguínea acelerou. Senti meu corpo quente, minhas mãos suarem e, com isso, o esforço por manter meu rosto da mesma cor de antes: a falsa. Era aquela sensação inconfundível de mentir para si mesmo. Aquele milésimo de segundo em que absolutamente ninguém me vê e eu mesma teimo em tentar me manter na cegueira também.

Respondi, imponente e topetuda: *"Não sinto medo, sinto responsabilidade"*. Como se sentir medo fosse vergonhoso, impuro, insano, limitado e vil.

A boa educação, graças a Deus, segue sendo meu melhor filtro para a realidade. Há quem a considere somente uma ferramenta social, mas em mim já mudou de função há muitos anos! Ela me cutuca exatamente no meio do sossego e me avisa quando o "mico" diante de mim mesma é grande demais. Sempre me avisa, também, que tenho direito à privacidade e que não sou obrigada a deixar ninguém ir entrando em meu solo sagrado de qualquer jeito, feito bicho, quebrando as plantinhas novas e massacrando as velhas.

Mas, ontem, quem me massacrou nos novos caminhos e flores da alma fui eu mesma. Não soube silenciar e dizer, com candura e amor, *"não quero responder"*.

Tenho aprendido que dizer "não" é vencer o medo do abandono que a menina que me habita sente. Ainda em tempo, e honestamente, eu sinto medo! E muito! Mas a melhor decisão de todas é que ele pode até me habitar, mas jamais mandará em mim.

Bendita a voz que me abriu por dentro o direito de sentir, mesmo sem querer dizer. Porque silenciar é virtude humana das mais elevadas. Deus me ajude a conquistá-la!

MARÇO
27

VAIDADE

Não é nada fácil tocar meu próprio limite. Reconhecer um lugar impotente e incapaz em mim me parece humilhante, degradante, destruidor.

Realmente é tudo isso de uma vez, mas não do jeito carente e melindroso com que olhamos as circunstâncias.

O que humilhamos, degradamos e destruímos nesse momento é a nossa vaidade.

E, exatamente onde sinto dor sobre minhas incapacidades, é que a vaidade se instala. Enquanto me ocupo em choramingar o que não recebi com naturalidade da vida e de Deus, não percebo o quanto de força e habilidades estão sendo desperdiçadas em algum lugar da minha personalidade.

A vaidade é uma pedra no sapato que só sai quando cedo honestamente o lugar em que eu gostaria de estar para alguém melhor do que eu. O que eu puder fazer, que ninguém tenha que me pedir. Mas, se o lugar não for meu, que eu o ofereça com alegria àquela pessoa para quem ele já foi preparado desde sempre. Não há melhor cura para esse mal.

MARÇO
29

CONFINAMENTO

Hoje, gostaria que meu silêncio ecoasse por muitos anos, épocas, eras dentro de mim. Há silêncios que são tão poderosos, faxineiros, reconstrutores, que não há como negar, são a voz mais evidente com a qual Deus poderia nos falar.

Vivo um momento específico de decisões muito importantes, que não dizem respeito somente ao momento de confinamento do mundo inteiro, mas ao confinamento da minha alma no quarto da verdade.

Há mentiras que precisam ser convidadas a se retirarem. Há vínculos que precisam ser mais ordenados ou mesmo renunciados. Há trabalhos que precisam sair da gaveta da procrastinação e outros que precisam ser selados com um "não mais", "nunca mais".

Se eu viver bem, ao menos internamente, esse confinamento no quarto da verdade da minha alma, em breve sairei muito diferente e pela porta da frente da minha casa. Se eu não me confinar com a verdade sobre mim mesma, sairei pela porta dos fundos escuros da alma e seguirei mentindo a mim mesma em nome de um nada que penso ser "alguma coisa" em meu caminho.

Que as decisões não fiquem confinadas! Que os passos sigam e que eu me torne alguém, uma pitadinha melhor, depois desse tempo em casa. Nada de enrolar a vida. O tempo não volta, mesmo que confinado.

MARÇO

30

ENTREGA

Tenho uma velha amiga que mora no Paraná. Nós nos conhecemos quando eu tinha de 16 para 17 anos. Faz tempo... faz bastante tempo!

Nunca discutimos. Nunca passamos do limite uma da outra. Nunca levantamos a voz em nenhuma discussão e nunca houve um desrespeito que nos desestruturasse no vínculo. Mas uma coisa é muito nobre entre nós e deve ser reconhecida: nunca deixamos de dizer a verdade uma à outra. Nunca deixamos a sinceridade para trás e sempre foi desafiador para mim escolher amar e ser fiel à nossa amizade, apesar de sermos absurdamente diferentes.

O tempo só temperou o que a juventude escolheu, semeou e, hoje, a maturidade desfruta. São 30 anos de amizade bem vividos e protegidos por uma camada delicada de respeito, humildade e profundo amor.

Quando olho para ela, eu me lembro de quem sou. Ao seu lado, sou a melhor pessoa possível e não estou sozinha nessa construção de mim mesma. Com ela seguirei até o fim. Essa, sim, é minha irmã de alma. Nunca pedi para ter... mas Deus generosamente me deu! Que honra ser sua amiga. Que honra!

Abril

> *Repouso e cruz, certeza e desafios: quanto mais os venço, mais eles mudam de lugar e me convidam a ir além.*
>
> Ziza Fernandes

Está gostando da experiência de ler com trilha sonora? Aqui tem mais uma e agora em espanhol. Este idioma faz parte da minha história, e de muitas experiências internacionais vividas, hoje lembradas com muita gratidão.

Escaneie o **código QR** com a câmera do seu celular para **ouvir**.

ABRIL

05

NECESSIDADE

Às vezes, a distração toma conta do meu pensamento e deixo de perceber lucidamente a diferença entre o que é urgente e o que é realmente importante na condução da vida, no dia a dia, nas pequenas coisas.

A necessidade sempre me acorda e, naturalmente, tenho que reconhecer o que me rege realmente para tomar as decisões que tomo. Seria perfeito que as importâncias tivessem prioridades. Mas a desordem faz com que eu viva resolvendo urgências enquanto tento, de forma limitada, planejar as importâncias.

Tudo isso porque minhas reais necessidades ainda estão pautadas nas minhas inseguranças humanas, e não na confiança poderosa e inabalável em Deus. Se eu confiasse realmente, já estaria toda instalada na importância e não me abraçando com as ansiedades das urgências!

O que me falta não é saber a diferença psicológica entre as duas. Falta-me amar mais a Cristo e n'Ele ter a ordem da minha vida! É isso que me falta e é isso que hoje peço a Deus: que sua presença seja o princípio de tudo.

ABRIL

09

VIRTUDES

Há alguns dias, recebi uma mensagem cheia de insultos e ofensas. Fiquei alguns minutos muda, como se não houvesse ar. Como se o tempo tivesse parado e o mundo tivesse dado uma pausa em seu movimento normal para apenas observar qual seria minha atitude.

Tive poucos segundos de raciocínio antes de deixar minha impulsividade roubar meu cérebro e, graças a Deus, esse lugar chamado "domínio próprio" não agiu em nome da legítima defesa, mas em nome da verdade.

É preciso um esforço grande para não se deixar levar pela ferida latente que grita no outro. Principalmente quando ele não está aguentando nem a si mesmo e passa a atirar pedaços de si no primeiro em quem ele percebe tudo o que não tem tido: felicidade, coragem, definição de vida e sentido no caminho.

Num primeiro momento, achei que as pedras eram realmente para mim. Depois, entendi que só atira pedras gratuitas quem está se sentindo muito ameaçado. Sua última estratégia é pedir socorro por meio da agressão alheia.

O silêncio me ganhou e consegui responder à altura da minha visão e compreensão, pois a dor que senti ao ler era também porque eu estava cansada da viagem que havia feito. Aquelas pedras não me pertenciam. Não me pertenciam mesmo!

Foi uma experiência da graça de Deus me ensinando a superar meus instintos e a me deixar guiar por virtudes que ainda não tenho, mas que estou buscando. Se alguém anda nos atirando pedras em vão, não as atiremos de volta. Tornemos ao nosso eixo vital e sejamos o melhor de nós mesmos, pagando o mal com um bem incomparável. Esse é o nosso lugar!

ABRIL

11

INVEJA

Um dia me solicitaram, com toda a classe e sutileza maquiavélica, que eu fosse infiel a mim mesma. Que eu cedesse aquilo em que acredito. Que eu fosse quem eu menos gostaria de ser, em nome das expectativas alheias, dos interesses deste mundo e dos moldes que insistem em tentar vestir ou amarrar minhas asas teimosas e incomodantes. Sim, eu causo um certo incômodo, como todos os que são livres também causam. E não é difícil encontrar um olhar que logo me lance uma reprimenda velada, dizendo-me com um tipo de furor nunca assumido: *"É proibido ser feliz tendo tão pouco!"*.

Já vi diversos tipos de inveja, mas essa que salta aos olhos de quem a sente, e que a pessoa tem a certeza de estar escondendo no bom mocismo e na cara lavada, e disfarçando em falsas boas ações, é a mais comum e a mais vil. Vestir-se de bondade quando só se pensa e só se sente maldade é algo insuportável... para quem sente.

A inveja destrói. Corrói a alma feito fogo em rosa de papel: logo a beleza se esvai e o que fica é o tempo perdido e gasto com pensamentos tolos, imbecis e limitados. Mas o invejoso se vale sempre de uma falsa sensação de justiça para dizer: *"Eu tenho direito".*

Foi-me solicitado que, de preferência, eu deixasse de existir como sou e passasse a ser um outro eu, morto e sem alegria. É esse o pedido desesperado da inveja, que o outro morra, literalmente, paulatinamente sem alegria, e o invejoso não tenha mais o desconforto de perceber que não está vivendo, mas, sim, morrendo aos poucos pela própria língua. Porque não sabe viver, somente falar da vida do outro.

Deus me mantenha com as asas abertas e a alma em pleno voo. E se meu voo incomodar, que seja para provocar em outros o desejo de voar. Porque a melhor "vingança feminina" é nunca se vingar, mas ser a pessoa mais feliz e livre possível. Eis a minha resposta.

ABRIL

14

CULPA

Identificar a culpabilidade nas situações corriqueiras da vida é um excelente instrumento de crescimento. Amadurecemos muito quando deixamos, ainda que bem aos poucos, de pedir que nos amem nas entrelinhas e vamos nos fortalecendo em nossa liberdade interior.

Parecem inseparáveis e indomáveis em nós essas sensações que nos inundam de repente, nos tomam o pensamento por completo e logo nos colocam no último lugar da fila da existência, dizendo-nos tudo o que há de pior em nós. E com muito mais veemência que nossa capacidade de seguir, de vencer, de sorrir. Mas não é verdade!

Toda culpa pede luz sobre os fatos e autoconhecimento aprofundado. Depois que nos levantamos de uma acusação, que às vezes fazemos a nós mesmos por simples mau hábito, somos outros! Ressuscitamos de uma morte desnecessária e que nos tirou horas, dias, meses e anos de qualidade de vida.

A culpa não nos leva a lugar algum. Completamente diferente de responsabilidade, pois, diante desta, respondemos sobre quem somos, o que escolhemos, o que decidimos e, naturalmente, deixamos o lugar de vítima para onde a culpa nos empurra.

Quando ela chegar, precisamos colocá-la em seu lugar, respondendo à vida com liberdade! Só é livre quem decide ser.

ABRIL

15

EDUCAÇÃO

Das coisas mais interessantes que tenho aprendido ultimamente é que nem tudo o que o meu desejo pede deve ser atendido. A dose de desilusão precisa se manter presente para um serzinho tão difícil como eu.

Quando escrevo sobre o desejo, me refiro ao sentido de paixão da alma, necessidade distorcida, de forma destemperada e desequilibrada. Nem sempre desejamos o que nos constrói. Quase sempre nos sabotamos e é preciso força para reconhecer esses inimigos em nós.

Minha alma precisa de educação e não existe boa educação sem uma grande dose de frustração. Quem foge da frustração perde uma grande parcela de força que a vida, justamente, se encarrega de depositar em almas resilientes e humildes. Ser humilde não é ser tolo ou capacho de alguém. É saber exatamente o seu lugar e, depois da árdua educação das paixões, saber cedê-lo quando necessário e sábio for.

Tem gente que não consegue honestamente deixar de lado sua opinião ou desejo sem "relinchar" ou reclamar. Disfarça bem quando lhe convém, mas, por dentro, é um bicho selvagem. Esbravejando como criança, destrói os que estão lhe negando vontades com palavras precisas, mas finge ser pessoa madura e bem resolvida, achando que convence a todos.

Quanto de nós é construído sobre ilusões? Quanto de nós precisa desmoronar até que encontremos o descanso exato de sermos nós mesmos? Quanto de nós sabe o endereço ajustante da humildade na alma e lá se esconde nas tensões da vida? Quanto de nós deseja essa virtude da humildade, contrária a essa cretinice que se instala em nós quando obrigamos os demais a realizarem todos os nossos tolos e passageiros desejos?

É de conhecer nossa miséria que construímos nossa força. É do pó bem moído que se extrai o melhor sabor. É das almas mais sofridas que se constroem os gestos mais generosos.

ABRIL

17

SOLICITUDE

No decorrer da vida, fui percebendo que estar sozinha, em momentos específicos, era uma atitude egoísta e uma postura defensiva do trabalho interior que me causava estar com "o outro". Eu não sabia amar direito!

Não entendia que estar diante de alguém era estar diante do próprio Deus que me visitava. E ali estava minha máxima oportunidade de qualidade de vida, pois só melhoro e encontro o melhor de mim quando convivo com meus irmãos e sou completada pela visão deles.

Eu nasci para "viver com"! Eu não vejo tudo. Não sei nem consigo tudo. Aliás, eu vejo pouco! Sei muito pouco e consigo menos ainda. Preciso dos meus irmãos!

Fui entendendo que escolher uma falsa solidão era só insegurança em não saber amar, não saber me entregar pelo benefício do outro primeiro. Não saber da solicitude que esperava minha ação em mim, em nome do amor puro. E, por causa dessa solidão doente, me sentia mais sozinha ainda. Uma fuga que gerava muito mais dores.

A cura veio aos poucos. Bem aos poucos. Foi quando a janela da alma passou a se abrir! Aí, sim, entendi que posso estar sozinha. Nunca para fugir de alguém, mas para encontrar Alguém.

Tudo mudou. E vai mudar ainda mais. O centro do meu mundo não sou eu nem o que eu quero, mas Quem eu amo!

ABRIL

19

ESCOLHAS

Não existe forma de nos descobrirmos e, assim, saber o sentido para o qual Deus nos deu a vida, se não corremos riscos e tomamos decisões. Deus estará conosco de qualquer maneira, seja qual for a decisão tomada, pois quem realmente muda, e está ou não está na decisão, somos nós mesmos.

Não fazer uma escolha também é decidir. O problema é quando colocamos essa "não decisão" nas mãos dos outros e os culpamos por não acertarem no melhor para nós. Isso tem um preço muito mais caro do que assumir nosso próprio risco.

Deus nos ajude a escolher sempre que formos solicitados pela vida e, se errarmos nas decisões, saberemos que foi apenas uma tentativa, mas nunca a última!

Faça parte do meu canal do *Telegram*

Pode ser mais uma rede social, mas esta é diferente. No meu canal do *Telegram* eu lhe ofereço conteúdos exclusivos todos os dias. Há momentos em que o cansaço nos abate, e precisamos só de uma palavrinha para recobrar a força.

Vamos ver o que tem lá hoje para você?

ABRIL

20

DESAFIOS

Não aprendi a prudência cedo. Demorei! Demorei muito e ainda sigo aprendendo a "domar essa leoa" que há em mim e que, muitas vezes, me rouba a capacidade de pensar e perceber que usar a razão não significa viver sem coração.

Prudência talvez seja essa virtude conquistada depois de muitas circunstâncias em que me vi sendo tola, achando que o bem-estar emocional imediato era mais importante que a espera sábia e ponderada.

Fui intolerante incontáveis vezes, sem perceber que esperar o tempo certo das coisas era muito mais necessário e vital para que as situações e sentimentos se aquietassem e tomassem seu melhor rumo. A espera não é só uma relação com o tempo. É, antes, um domínio poderoso de si.

Que a imprudência não nos roube a boa capacidade de construção de uma vida nobre, rara, digna!

ABRIL

25

CONSEQUÊNCIAS

Dia desses me encontrei frente a frente com alguém que há muito tempo não via e que, no decorrer de um determinado tempo da vida, havia me ferido muito.

Quantas e quantas vezes encontramos alguém assim, aqui ou ali (ou nos encontram!), que, de alguma maneira, deixou uma marca nada positiva em nós e a tendência que geralmente nos guia é a de guardar pedras em algum lugar da alma para atirar, de forma politicamente correta, sobre essa pessoa. E lançamos! Seja diretamente, quando temos coragem, ou por atalhos, falando mal da pessoa pelas costas ou, às vezes, bem ao lado dela.

Observando o ciclo da vida e sentindo as consequências de algumas atitudes em meu coração forte e, ao mesmo tempo, delicado, entendi que mágoas não devem ser deixadas livres em nós para que o tempo cure! Elas precisam da luz de Deus, da verdade!

Entendi que relacionamentos precisam de cuidados e, por vezes, o silêncio também é como birra de criança, que não enfrenta suas consequências de frente. O diálogo é um ato corajoso, poderoso e extremamente modificador. É coisa de gente adulta e humilde.

Entendi também que só me ferem continuamente se eu permito, pois, se me posiciono e esclareço minha alma dentro das circunstâncias da vida, vou aprendendo a sofrer exatamente e somente por aquilo que escolhi. Por isso, não reclamarei, mas sofrerei dignamente a melhora da minha vida, até que minha escolha verdadeira venha a êxito.

Consequências... Pensamos pouco nelas! Mas ainda há tempo.

ABRIL

28

PARADOXO

Algumas vezes, me sinto a pior pessoa do mundo (quem não?), especialmente quando estou diante de algo que eu poderia fazer muito bem e não consigo, seja por incompetência, falta de esforço ou de planejamento mesmo. Olho para a situação e me sinto mal, realmente triste.

Passo a pensar que meu valor está no êxito das minhas ações e não na pessoa inteira que me habita, ao me entregar naquela ação. Passo a ter valor, para mim e, consequentemente, para os demais, pela eficácia do que faço e não pela pessoa que sou. Está tudo errado! Meu valor é inalcançável, se visto pelo prisma do olhar do amor de Deus por mim.

Não sou o que faço: sou quem sou pela graça de Deus! Mas nenhum valor divino justifica minha ineficiência por falta de esforço ou compromisso comigo mesma e com o meu trabalho. É por isso que separar as coisas faz tão bem! E faz bem para mim e para os que convivem comigo.

Que sejamos e façamos com honestidade, especialmente para nós mesmos!

Antes de ler o capítulo, feche os olhos e ouça bem este presente produzido em francês, numa doçura que pode lhe descansar o coração.

Escaneie o **código QR** com a câmera do seu celular para **ouvir**.

Maio

Simplicidade é sinal de coragem.

Ziza Fernandes

MAIO

02

RESILIÊNCIA

Nem sempre é agradável admitir o que penso sobre mim mesma e nem tudo o que penso é de todo verdade. Para ser sincera, nunca é agradável enxergar em mim mesma e admitir o que ainda não está pronto.

E, menos agradável ainda, é reconhecer que, na maioria das vezes, o que me incomoda nos outros é sempre muito parecido com o que há em mim.

É como se fosse uma "matemática humana" essa de me encontrar em meus dissabores e, neles, também uma oportunidade de me abaixar, resignar, aceitar e, através de uma resiliência poderosa e cuidada pelo próprio Deus, começar a me tornar uma pessoa melhor.

Ao menor movimento prepotente e defensivo de minha alma, já posso perceber quando é o "bendito ego atrevido" se metendo onde não é chamado!

Meu eu espiritual, naquele lugar sagrado em que Deus fala, precisa estar fortalecido e determinado. Senão, passarei a vida reagindo, sem liberdade alguma. Pois livre mesmo é aquele que se conhece e esquadrinha milimetricamente os movimentos de sua alma e sabe se conduzir, mesmo em meio aos incômodos.

Deus me ajude a ser livre! Ainda estou longe de abraçar a humildade como minha proteção e maior virtude. Deus me ajude! Deus me ajude!

MAIO
03

MENOS

É tempo de fazer do menos o essencial.
Que a gente se exercite até se acostumar.
E, quando percebermos, estaremos sendo
mais simples, mais amáveis, menos egoístas.

Tentemos! Façamos tudo o que for menos,
transformado em mais. Exceto o amor!

Vamos esparramar gentilezas e delicadezas.
Nenhuma delas será em vão, pois, a cada passo dado,
quem se transforma somos nós.

Tem muito mais conteúdo no *Instagram*

Todos os dias a minha vida ganha sentido novo através da palavra. Estas paginas que você tem em suas mãos são sinal de que o sentido já realizou a sua missão. Para mim, assim como o livro, a *internet* é terreno de semeadura de sentido, por isso, escolhi o *Instagram* como território sagrado das minhas palavras.

Todos os dias escrevo. Todos os dias me entrego. Espero que lhe faça bem.

MAIO

05

ENGANO

Certa vez, me perguntaram como faço para me perdoar. Talvez eu seja a pessoa mais difícil de se perdoar que eu conheça e não há pessoa com quem eu seja mais exigente do que comigo mesma. Mas há um lugar, um sagrado lugar em mim, onde as pedras caem, onde as acusações cessam, onde os gritos se acalmam e as ordens se amansam.

Nesse sagrado lugar, eu respiro lentamente e não tenho medo do minuto seguinte. Nesse sacratíssimo lugar, me sinto protegida até a eternidade e nem a morte me assusta, pois ela se torna porta para o que tanto espero. Ali eu choro, constrangida e quase encolhida, pois esse exato lugar é onde Deus me olha. E Ele me olha demorado, me amando profundamente e com uma ternura indizível. Aquela lágrima quente escorre no meu rosto enquanto eu tento encontrar justificativa e explicação para tanto amor... e não encontro! Só sei e sinto que Ele me ama.

E, assim, ali naquele sagrado lugar, tudo se resolve. O perdão acontece! A vida se renova! Tudo somente porque Ele me ama. E posso gritar, pelos quatro cantos do mundo, que sou uma mulher amada!

MAIO

07

SABEDORIA

O tempo da sabedoria chega. Demora um pouco. Dá umas voltas ali pela imprudência, dança com a teimosia, depois se abraça com a covardia e se livra quando enxerga a consequência. Mas chega!

Saber das coisas é muito mais comprometedor do que andar na ignorância, pois a exigência da verdade é quase instintiva, quando ouvida e realmente buscada. Mas, se a alma está à venda por qualquer agrado e interesse, por menores que sejam, a sabedoria não se sujeita: ela não permanece presente. Se retira feito uma dama de classe e honra, espera sua vez e nunca entra sem ser realmente e completamente convidada.

É por isso que os sábios geralmente são sofridos, experimentados na dor e na perda. Sabedoria exige casa leve e coração desapegado. Ela não sabe viver em outro ambiente. Ponderar é coisa de gente sábia, simples e pobre de espírito. Perder é graça.

MAIO
14

RISOS

Não consigo evitar minhas reações emocionais diante de algo que me desagrada ou que me faz feliz. Ambas as reações dizem de mim, de quem sou ou como estou. Faz um tempinho que tenho convivido com pessoas novas em minha vida e elas têm me feito um bem gigantesco! E posso dizer, com segurança, que o maior bem que me trazem é o de me fazer rir com mais frequência.

Rir até doer a barriga! Rir com liberdade e amor. Rir das minhas tentativas que ainda não deram certo, daqueles defeitinhos que eu ainda teimo em dizer que não tenho. Rir com minha mãe, ao invés de tentar "arrumá-la!". Rir de mim mesma e dos meus irmãos de trabalho, quando ainda não conseguimos algo que há muito desejamos. Rir! Rir muito! Rir com alguém significa estarmos muito mais livres e felizes do que imaginamos. Deus nos ajude nessa sagrada conduta do riso e nos corrija com ternura onde ainda aprontamos, pensando que ninguém nos vê!

Que o riso seja fácil, escancarado e o melhor remédio, feito da sagrada distância, aos nossos atos secretos e ainda difíceis de mudar. Enquanto isso, riremos. E muito! É de se desconfiar de quem não ri nunca. O riso é a saúde da alma e força para o espírito!

MAIO

17

CONVITE

Sou mulher. Mulher com alma imensa e que não cabe em mim. O mesmo tanto de habilidades que carrego também tenho em defeitos. Não vieram de fábrica, eu mesma os adquiri. Mas é incrível andar com os pés descalços nas brasas da misericórdia e da delicadeza divinas: não me queimo, só sinto a ardência da vida que pulsa em mim, pedindo entrega, compromisso, responsabilidade.

Confinada há meses, já morri e ressuscitei em vários pensamentos. Entendi que fui convidada a um encontro dramático e maravilhoso com minha própria consciência, onde Deus faz morada e me chama todos os dias para um café.

Confinada e transformada, vendo as dores do mundo e entendendo que as minhas são pequenas demais para serem reclamadas. Mulher digna de suas próprias pedras. É só isso que quero ser.

MAIO

20

SENTIDO

Posso dizer tudo o que quiser cuidadosamente, milimetricamente, amorosamente. Mas, sempre que minha palavra sai de mim, encontra alguém com outra cabeça que não é a minha, outra história que não é a minha, outra escolha que também pode não ser a minha.

Então, depois de dizer algo importante a alguém, preciso dar tempo àquela pessoa para que a palavra seja experimentada, pensada, sentida e, assim, encontre seu lugar mais próximo da verdade. Pois o senso da verdade exata só Deus tem. A nossa sempre será essa tentativa aproximada entre o que eu disse, o que eu gostaria mesmo de dizer e o que o outro entendeu.

Só Deus vê tudo, entende tudo e dá sentido a tudo, mas cabe a mim portar sentido em todas as minhas palavras com o máximo dos meus esforços. Porque é bem mais leve ser verdadeira com Deus primeiro e, depois, com o outro.

MAIO

25

SIMPLICIDADE

Amadurecer é perder em paz. Já faz algum tempo que tenho percebido isso em minha estrada. Ela não é modelo para ninguém, é imperfeita e cheia de atalhos desnecessários. Foram eles próprios que me ensinaram o caminho da melhor pessoa que me habita: deixar para trás o que de lá não deve mais sair.

Muita gente tem o hábito de ficar remoendo as situações e sempre reconta velhas histórias para trazer alguma acusação ou ameaça à tona. Confesso que tenho horror a quem fica abrindo o baú e soltando os fantasmas aos quatro ventos, sem cuidado humano e respeito à própria privacidade. É por isso também que tenho pedido a Deus uma vida mais leve, que não significa ter poucas coisas a fazer, mas ter muitas, e olhar cada uma delas com mais simplicidade, liberdade e desapego.

Eu quero em mim a leveza do Corpo de Cristo, que nada levou para si. Foi leve e forte em tudo. Amadureceu perdendo, inclusive, a própria vida. Que possamos sempre abrir o baú da alma em paz, desapegando de tudo o que pesa em nós.

MAIO
30

ACOLHIMENTO

Façamos este exercício hoje: emprestar o melhor lugar da nossa alma para o outro descansar, se refazer, se renovar.

E descanso mesmo é quando a gente pode ser recebido por gente que entende a gente, que não faz muitas perguntas, que não quer saber muito. Gente que só sorri, acolhe e espera a nossa hora de desabafar, pois só o esforço em ter que responder já é cansaço novo sobre cansaço velho.

Descanso é o silêncio ao lado de quem amamos e por quem somos amados. *"Quem acende em nós a vela?"*

MAIO

31

SANTIDADE

Hoje é dia santo. Por alguns segundos respirei fundo, diminuí o passo, passei um para-brisa na visão e procurei olhar além. Parei na igreja mais próxima de casa e fui até aquele cantinho em que havia uma pequena luz acesa, diferente de todas as outras: a luz do Sacrário.

Ali, em silêncio, tentei identificar onde estão as pedras que andam apertando os meus pés contra os meus sapatos. Tentei dar nome às dores que sinto, sem nem encontrar tempo para cuidar.

Hoje é dia santo, dia do Corpo de Cristo. Que possamos ao menos respirar devagar, ouvir as batidas do nosso coração e tentar fazer com que elas estejam mais alinhadas às batidas do coração do Senhor.

Hoje é dia santo. Mas só é santo de verdade quando acontece um encontro dentro de cada um de nós.

Tenho um vídeo especial para você!

Escaneie o **código QR** com a câmera do seu celular para **assistir**.

Inverno

*Há coisas que ninguém precisa saber sobre nós.
Que o segredo seja testemunha da pessoa que
estamos construindo no mais secreto dos nossos
esforços estáveis.*

Ziza Fernandes

Uma canção deste álbum poderá lhe tocar bem lá no fundo da alma. Quando terminar de ouvir, escolha a sua preferida e compartilhe em seus *stories* do *Instagram*, para que eu possa ver.

Escaneie o **código QR** com a câmera do seu celular para **ouvir**.

Junho

*Não subestime as necessidades da alma para
aguentar tempos exigentes. A ansiedade pode
nos roubar e nos enlouquecer.
A oração nos sustenta e nos traz lucidez.*

Ziza Fernandes

JUNHO 21

MISERICÓRDIA

A vida é frágil, e não podemos menosprezar os sinais quando vemos que o tempo começa a se sobrepor a ela. Cada dia mais percebo nossa dependência completa da graça de Deus para estarmos vivos, seguindo e lutando. Há um fio tênue e transparente nos sustentando a todos, por todos os dias: é o rastro da misericórdia sobre nós.

Que a gente se agarre em Deus e cuide da vida como o bem mais precioso que se pode receber. Que a gente se cuide e, conforme vá aprendendo com a vida, entenda que cuidar do outro será consequência natural.

Que a gente se deixe cuidar. Que a gente ame e se deixe amar! Que a gente fale e consiga escutar. Que a gente não desperdice tempo sem dizer o que gostaria de dizer.

Que a vergonha não nos mate por dentro, sem amor dado ou recebido. Que a liberdade esteja escancarada em nosso sorriso e, quando a tempestade vier, que saibamos muito bem a quem vamos convidar para dançar na chuva conosco.

Que a gente viva! Porque amar é urgente, já faz muito tempo!

JUNHO

22

ORAÇÃO

Na oração me escondo em Deus, sou grata.

A Ele entrego um universo interior exigido,
que se expressa em palavras, sonhos e esperanças.
Não há lugar melhor!

Só em Deus há descanso verdadeiro.

Programa *Acorde da Esperança*

Durante a Pandemia, no ano de 2020, assim como a humanidade toda, tive que redescobrir a vida em poucos metros quadrados dentro da minha casa. Um dia fui surpreendida por um convite que me marcará para sempre: Cantar no santuário de Aparecida em intercessão pelo mundo inteiro.

Das coisas mais lindas que realizei na vida, essa estará comigo entre as mais importantes e mais significativas.

Senti a dor do mundo no nó da minha garganta e cantei como nunca.

Espero que este video passe a lhe marcar também pois é uma graça que jamais passará.

JUNHO
24

EQUILÍBRIO

Às vezes, me perguntam se eu rezo e como eu rezo. E eu, geralmente, me calo. Não gosto de responder. Parece-me tão óbvio, pois, na maioria das vezes, minha oração é somente ouvir e não dizer. Meus silêncios são imensos... Às vezes, nem cabem em mim e viram música.

Na solidão necessária, procuro pisar minha própria terra, esta frágil e marcada que está dentro de mim. Busco conhecê-la e amá-la, com suas limitações e graças, e me parece que esse é o caminho para uma lucidez imbatível. Uma que dure até meu último suspiro.

E é somente nessa solidão silenciosa e rica que me encontro, que me equilibro, que realmente escuto a voz de Deus. Só ali encontro aquela luz tão desejada que vem direto d'Ele. Não encontrei outro caminho senão esse da solidão acompanhada. O medo de estar só pode atrapalhar a visão de uma vida inteira.

JUNHO
25

LEVEZA

Respirando fundo depois de um dia intenso, todo forte dentro de mim, parei para pensar. Não há outro caminho para construir um homem forte, uma mulher forte, se não for esse "espremedor natural" que a vida se encarrega de nos oferecer.

A leveza vem daquele lugar da alma onde a gente se deixa espremer para que saia de nós só o melhor. Ela está depois do suspiro do suportar-se, lapidar-se e, depois, oferecer-se.

Deus nos ajude e nos esprema sempre mais!

JUNHO

26

MATURIDADE

Depois de muito pensar e penar com as carências e infantilidades que me rondavam a vida e minavam as minhas relações, entendi algo sagrado e comprometedor, pela graça do Espírito de Deus em mim: devo ser inteira e adulta em todas as situações da minha vida.

Não devo esperar cuidado de ninguém, carinho de ninguém, afeto de ninguém, atenção de ninguém. Devo servir aos meus irmãos com o melhor de mim, olhando para o Cristo, que não agradou a todos, mas amou até a morte, sempre em atos.

A mulher inteira que me habita me espera a cada segundo de vida e não devo me deixar levar por nenhuma voz que me tire desse caminho nobre, exigente e de servidão: ser eu mesma!

Uma vez tomada a decisão, devo fortalecê-la todos os dias de novo, de novo e de novo, pois ninguém ao meu redor estará vendo a Pessoa em quem eu estou me espelhando, mas eu estou. E isso basta para um adulto.

JUNHO

27

UNIDADE

"Eu dei-lhes a glória que tu me deste, para que eles sejam um, como nós somos um: eu neles e tu em mim, para que assim eles cheguem à unidade perfeita e o mundo reconheça que tu me enviaste e os amaste, como me amaste a mim."
(João 17: 22-23)

É preciso ter coragem para ser unido a alguém de verdade. Admitir o amor, aceitá-lo, assumi-lo e alimentá-lo expõe nosso interior e nos torna vulneráveis. Temos medo dessa vulnerabilidade. Ela mostra quem somos de verdade.

Temos medo de dizer que amamos e não sermos amados na mesma intensidade, como se o amor fosse matemático, numérico e dominável.

Quem diz que ama sente tremer as pernas. O coração palpita e alguma pedra do nosso interior derrete quando olhamos nos olhos de alguém que faz toda a diferença para nós.

Admitir o amor e permitir a unidade é completamente constrangedor e maravilhoso! Essa coragem é a que eu quero em mim: ser desconfortavelmente vulnerável em nome do sentimento mais lindo que me habita! Eu prefiro arriscar amar a me embrutecer nesse endurecimento que me causa a falta de unidade.

Há quem fuja de grandes diálogos. Não devemos nos espantar quando chegarmos com o melhor de nós e a outra pessoa não quiser nem conversa. O amor exige olho no olho e muita coragem. Não é para qualquer um!

JUNHO
28

CORAÇÃO

Ali, bem ali... ali, no coração de Deus, nesse silêncio estrondoso, nessa discrição sem tamanho, nessa paciência ilimitada, nesse amor que me constrange, ...

... nesse olhar demorado e sereno, nesse abraço que me espera, nessa palavra sempre cumprida, nessa misericórdia que me alcança, ...

... ali, bem ali, eu escondo meu coração de mulher e meus limites tão humanos.

O meu céu se aproxima em forma de música, toca minha estrada e traz água para o meu deserto.

Deus me conceda força e alma para dar não menos que o melhor de mim.

JUNHO

30

RETIDÃO

Não ando só. A Trindade anda comigo e somos um quarteto dos bons. O Espírito me sopra onde o Verbo me espera e o Pai me abraça quando chego.

Assim, seguimos. Só peço que esse Amor Trino tenha piedade de meus passos frágeis, receba minha decisão de resistir e permanecer unida, ainda que pequenina. E que eu seja surda a tudo o que não interessa ao caminho de eternidade que me espera, assim como comprometida com tudo o que nasci para viver.

Que essa alma de artista aqui em mim tenha sempre força para poder servir à humanidade com beleza e retidão, até quando eu não mais nesta terra respirar.

Que a retidão me levante diante desta minha árdua e exigente vocação: ela não se conforma com nada mais nada menos que a verdade.

Julho

> *E se a fé estiver pequena demais... chame-a num cantinho para conversar. Façam as pazes e comecem de novo!*
>
> Ziza Fernandes

Às vezes, a música certa é tudo o que a gente precisa naquele momento de dor. Uma letra bem escrita é a mão de Deus estendida para cada um de nós.

Escaneie o **código QR** com a câmera do seu celular para **ouvir**.

JULHO
01

REFERÊNCIA

Ir além de mim mesma e fazer com que a vida não gire somente em torno dos meus desejos e sonhos, mas que se supere. E não há caminho de superação sobre mim mesma sem esforço e aquela "sagrada insatisfação" que faz com que a gente ande uns metros a mais do que estava habituado. Que aguente um pouco mais de dor do que estava aguentando. Que veja um pouco mais além, onde o olhar estava já estava quase acomodado.

Tenho percebido que Deus me chama a um passo em que nunca estive, a viver uma vida nova sempre. E que seja isenta de comparação com outros caminhos dos meus mais chegados e próximos, pois a comparação mata a coragem.

Referência é bem diferente de comparação! A comparação é invejosa é destruidora, enquanto a referência nos dá força para seguir sabendo que alguém está no mesmo esforço. É um movimento solitário da alma. E, se enfrentamos o início da sensação de solidão ao caminharmos uma estrada inédita, vamos vendo que ela é bem maior na imaginação que na realidade. Eu realmente acredito que não estou sozinha nesse caminho original.

JULHO

03

CRISE

Só quem é bem falso tem a coragem de dizer que nunca teve uma crise de fé.

Eu mesma vivo tendo! Todo dia aparece uma pergunta para a qual não encontro a resposta. Todo dia vejo uma injustiça que me deixa furiosa e vou logo ao "Banco Divino" tentar sacar alguma satisfação, como seu eu tivesse o direito de saber as respostas para todas as perguntas que carrego em mim.

Crises graves, confrontos diários, muros diante dos pensamentos. Que ninguém se iluda que ter bom humor significa carecer de problemas! Cada dia mais, acredito que o bom humor é uma forma elevadíssima de inteligência e antídoto diante dos rabugentos, que geralmente se acham donos da verdade. (E que Deus me ajude a não ficar rabugenta, pois acho que tenho tendência...).

Hoje, exijo meu direito de não saber. Exijo meu direito de rir dos meus medos, dançar com meus temores e sapatear com minhas desconfianças. Aaahhhh, que dança boa!

Deus não me espera na perfeição, mas me abraça no exato limite do meu coração. E é maravilhoso ouvir a própria misericórdia rindo dos meus erros e me chamando para tomar um chá!

Que as pessoas perfeitinhas sejam expulsas do meu planeta e que aqui a gente tenha o direito de se esforçar muito, errar, cansar, chorar um pouquinho, escrever poesia com o pranto e depois seguir adiante. Somos humanos! E que ninguém atrevido nos tire esse direito maravilhoso de sermos quem somos.

JULHO

05

PASSO

Hoje é o primeiro dia do resto da minha vida. Acordei muito cedo, pois a vida não espera. Minha tendência é sair vivendo, descendo a ladeira das decisões e virando perigosamente as curvas das escolhas, sem me importar muito com as possíveis trombadas no caminho. Afinal, apanhei tanto na vida que doer já faz parte. Maaaaaaaas: não será assim. A tendência não me rege, ela apenas sugere!

Agora é hora de ir até a cozinha, fazer um café bem devagar, olhar para o Divino Olhar que me aguarda em nosso sagrado encontro, respirar fundo e decidir mais uma vez pela melhor versão de mim mesma, atualizar os "aplicativos espirituais" da alma e subir a ladeira certa.

Deus me ajude a andar na velocidade que foi feita para mim e não naquelas que esperam que eu ande. Só Ele e eu sabemos os cansaços e as forças de minhas próprias pernas. Afinar o passo é o mesmo que limpar o olhar. E seguir com calma, pois a intensidade é uma senhora que geralmente não abre mão da minha companhia. É preciso servi-la com classe e profundidade!

JULHO

09

PROTEÇÃO

Há dias em que não vejo. Nem ao menos um palmo à minha frente. Dou passos tateando a vida, sem garantias ou proteção. Sinto medo... Ainda que escondido e vergonhoso, sinto medo. Ele vai chegando sem pedir licença, lascivo e deselegante, sorrateiro e destruidor, tentando esconder dos meus olhos a direção sagrada, a força da vontade, o pão de cada dia.

Mas tenho um Guardião e Ele nunca adormece. Logo me chama, acorda-me com voz suave, mas com o peso da história, lembrando-me todas as outras infinitas vezes em que nunca me falhou! Meu Guardião, doce hóspede da alma, me traz esperança embrulhada em papel vivo, tecido em confiança. E toda a dúvida se esvai.

A esperança não me tira a necessidade do esforço, mas me limpa os olhos e me dá sentido ao andar. E eu sigo... sob a tutela do meu protetor: o Espírito de Deus!

JULHO 11

SOFRIMENTO

Há dias em que eu choro por dentro. E não é pouco. Daquele tipo de choro que aprendi a ter quando a dor me visita e não é hora de expor, de desabafar, de pedir colo ou ombro. Mas, sim, hora de aguentar, calibrar a alma, me fortalecer por dentro e me tornar uma mulher mais madura.

Não existe conquista de maturidade sem sofrimento, frustração constante e recomeços. Não existe! É ilusão pedir a Deus que sejamos melhores e, ao mesmo tempo, pedir que Ele nos livre da dor, do incômodo ou das decepções. Crescer é saber lidar com a dor em paz e com leveza, elegância e compaixão.

Dar "pitís" e nos defendermos rápido demais diante dos incômodos só diz de nós o que não vemos e o que mais tememos: estamos sendo mimados e covardes, fugindo da melhor parte da vida e que realmente nos forja com valores e princípios, que é o sofrimento.

Cada vez mais, entendo o pedido dos grandes estoicos da igreja, quando suplicavam a Deus mais sofrer e menos consolos. É interesse inteligente abrir a porta da alma às dores naturais da vida. É educação divina que recebemos quando a docilidade é nossa escolha e o silêncio (às vezes, amargo) é nosso companheiro.

Não é somente de "engolir sapos" que se constrói um homem sábio, mas nunca vi um sábio sequer que não tenha sofrido um bom bocado para dominar-se até aprender a viver bem.

Sofrer é visita bem-vinda para almas fortes. Parar de reclamar quando qualquer incômodo chegar é um bom começo para recebê-la.

JULHO

16

MODO

Houve um tempo em que cortaram as minhas asas, vetaram os meus passos e calaram a minha voz. Eu sofri, chorei e vivi segundo a vontade dos outros. Cedi o que não devia. Calei quando não devia. Chorei pelo que não devia.

Quando olho para trás, parece que minha consciência não estava em meu próprio corpo, mas somente minha carência e meu desejo desesperado por amor, apoio, asilo e proteção.

Quanto mais o tempo passa, mais desconfio desse modo verbal que me retira da circunstância e coloca o peso da minha existência e das minhas decisões nas costas de outros: "calaram-me... cortaram-me... fizeram-me isso... fizeram-me aquilo...".

É um modo verbal reflexivo, todo torto e desfigurante, quando nos desvia da realidade da resposta. Responder sobre minha própria vida deve ser meu direito e dever até o final do meu respirar. E, até mesmo quando me arrependo e percebo que não devia ter feito o que fiz, o verbo deve permanecer no modo direto, pois nem o direito de errar podem me tirar, a menos que eu permita.

A justiça do tempo é essa: os verbos se ajustam em nós, ainda que, naqueles que talvez nos "fizeram tanto mal", a visão permaneça a mesma. Mas, em nós, tudo se modifica, se a graça de Deus é nossa luz.

O tempo tem uma alta qualidade na alma, em que a busca pela verdade realmente acontece. Se a busca é rasa, o tempo parece ser injusto e nenhuma resposta é satisfatória. Mas, se a busca é corajosa e a medida é funda, a verdade, por mais doída que seja, sempre traz profundidade na compreensão e luz para os próximos passos.

O encontro não acontece com as respostas que o tempo nos permite, mas com a Pessoa que retém toda a verdade: o próprio Deus, Senhor dos Verbos, Senhor dos Tempos.

Gotas de Sentido

Sou ávida por palavras verdadeiras.
O projeto *Gotas de Sentido* começou como um livro e se transformou em uma série em vídeo.

Uma partilha guiada por uma palavra-chave, extraída de um provérbio bíblico, que nos leva a uma profunda reflexão!

Descubra e deixe-se surpreender!

JULHO

18

FÉ

Tem quem decide ter e, por isso,
pede a Deus a graça de crer.

Não se constrói com garantias emocionais,
mas ao contrário, desafia nossos afetos
e nos estrutura onde nem imaginamos.
Desafia nossa racionalidade e diz o que, às vezes,
não estamos preparados para ouvir.

Por isso é fé.

Mas é tão mais que isso, que nem me atrevo a dizer.
Só decido seguir tendo e, ao mesmo tempo,
só a tenho porque Deus me deu.

JULHO
22

REVELAÇÃO

Muitas vezes, não sei muito bem por onde seguir, especialmente nas pequenas decisões que devo tomar no dia a dia. Sinto uma dúvida que me diz o tempo todo para esperar a hora certa. E eu espero. Mesmo contra toda a pressa, espero.

Mas, quando eu consigo ouvir meu coração profundamente, é como uma água fluida que passa por meu interior. Como uma chave, dentre tantas, que eu estava tentando e que, enfim, abre a porta a um quarto que estava precisando de luz!

Deus se revela aos poucos e delicadamente, mas, às vezes, demora. Seu tempo não é o nosso e Ele também diz "não". Mas não desisto da chave. Não desisto da Água Viva. Pois Ele é sempre fiel. Sempre!

JULHO

23

COMPAIXÃO

Há um parque lindo em minha cidade. Bem no meio dele, há uma capela, com missa aos domingos, ao meio-dia. Numa dessas missas, ouvi uma homilia genial, que provavelmente há de me acompanhar por muito tempo.

O padre (bendito padre!) discorreu sobre compaixão. Ele dizia que, sempre antes da compaixão real em uma alma humana, é preciso que sejam percorridos alguns caminhos, e o primeiro deles é o descanso. A sensibilidade para a compaixão precisa estar descansada para funcionar da melhor forma possível. Ele disse que Jesus ia ao monte antes de atender às necessidades das pessoas. Por isso, perguntou a todos os presentes: *"Vocês estão precisando de descanso? Estão descansando?"*.

Me envergonhei da minha resposta interior, pois estava exausta e não tinha compaixão nem de mim mesma. Entendi que estava oferecendo "flores falsas" às pessoas, pois é isso que fazemos quando a irritação toma o lugar da compaixão em nossas relações. Enganamos as pessoas e quem primeiro acredita na mentira somos nós mesmos.

Deus me livre de flores falsas. Do excesso de trabalho. Da falta de descanso. Deus me livre de viver sem compaixão! Vamos ao monte. Ao monte!

JULHO

30

CONEXÃO

Depois de vários dias no hospital, minha amiga voltou para casa. Está se adaptando ao tratamento, que é muito violento. A quimioterapia continua e ela seguirá sua luta em prol da vida.

Enquanto isso, aqui em casa, inventei várias pequenas ações do dia para me lembrar dela toda hora, para rezar por ela toda hora, para não me desconectar dela jamais e estar unida a ela em oração.

Eu creio mesmo que tudo, absolutamente tudo tem um sentido debaixo dos céus, mesmo que eu não entenda ou aceite, eu sei que existe. Depende muito da minha postura diante da vida e do que ela me pede, para eu ouvir uma Voz Sagrada em meu interior, clareando as confusões que minha prepotência gera e dissipando as dores nas quais minha presunção se emaranha. Mas eu acredito. Acredito mesmo!

Não aceito muito que tenha sido ela a escolhida para passar por esse processo tão doloroso. Mas confesso que me vejo melhorando como pessoa só de estar pensando e amando mais minha amiga todos os dias. Às vezes, eu choro escondida, pois não quero que ela me veja sentindo dor por ela. Imagino que ela faça isso muito mais vezes por mim, escondendo seu pranto e me dando sempre seu riso e sua esperança. É típico dela!

Tenho meus olhos cheios d'água e penso, rezo, penso de novo e sigo rezando, sigo acreditando: "Deus, amado meu, cuida dela por favor! Cuida muito bem dela!".

Quando percebo, amei mais do que ontem. Amei muito mais!

Como não acreditar, se o milagre já começou em mim?

Agosto

O que foi plantado com amor puro fica para sempre. Ainda que os tempos mudem, a gente amadureça e ganhe novas estradas, se eterniza o que o amor escolheu.

Ziza Fernandes

Deus lhe mandou um recadinho em forma de canção, escondida lá no meu primeiro álbum, quando eu tinha apenas 23 anos. Nunca duvide de você, mesmo sendo jovem, quando sua decisão for baseada na honestidade.

Escaneie o **código QR** com a câmera do seu celular para **ouvir**.

AGOSTO

01

COLHEITA

Há poucos dias, me peguei no pulo, tagarelando e falando mal de alguém que eu realmente amo. Ô, vergonha na cara essa que nos falta, quando não entendemos que o amor é uma decisão e não um "sentimentinho" bom!

Ainda temos essa expectativa infantil de que, em algum momento da vida, essa pessoinha que está ao nosso lado agora será perfeita, infalível e, principalmente, livre de tudo o que nos irrita. O nome disso está longe de ser amor. Isso é egoísmo e comodismo, desejo de que tudo concorra para o nosso sossego e não para nosso bem. Porque, na maioria das vezes, o que realmente nos faz bem é amargo e não é nada gostoso.

O amor real não garante conforto, mas resignação, espera, oferta, paciência, "engolir sapos", esperar de novo, conversar, se irritar de novo, conversar de novo, de novo e de novo. E quando nos cansarmos, vamos entender que o amor verdadeiro nunca desiste: começa tudo de novo, se preciso for! E é por isso que nunca é conforto ou sossego. Antes, um desassossego dos mais belos que podemos presenciar.

Falar mal de quem se ama é andar para trás, direto ao precipício. Há quem sinta que está se desafogando quando maldiz alguém. Pleiteia direitos de desabafos e segue achando que não causa prejuízo algum.

Mas a vida tem me ensinado que cada calúnia livre que sai de meus lábios é uma semente venenosa que planto em meu próprio jardim. Não terei a quem reclamar, a não ser a mim mesma, quando o tempo da colheita chegar.

Melhor amar no silêncio, se me falta a nobreza do diálogo. Guardar segredo, se falta a valentia do olho no olho. Antes esperar o tempo do outro que espalhar o que nunca gostarei de colher.

AGOSTO
03

CHATICE

Dia desses eu me chateei com um julgamento que recebi de alguém inesperado. Também com alguém que não compreendeu a profundidade do meu pedido para uma conversa. E, além disso, me chateei com uma pessoa querida, que desistiu de si mesma justamente naquilo em que nela eu acreditava muito. Como se não bastasse, percebi que estava um pouco cansada de dormir em tantos lugares diferentes por quase toda a minha vida.

E, de repente, eu percebi: estou ficando chata! Isso mesmo: MUITO CHATA! Passei a prestar atenção no bem que me dizem sem mesmo precisar de palavras. Passei a não mais pedir conversas, mas confiar que, no momento certo elas vão acontecer. Só preciso esperar. Passei a tentar (pelo menos tentar!) esperar menos dos outros e, assim, abrir espaço para as surpresas da vida: E elas vieram. Elas sempre vêm! Passei a amar mais os "travesseiros" que a vida me dá e já durmo melhor! E, então, eu entendi de novo: chatice é uma questão de escolha! A gente escolhe ser ou não ser.

Que façamos boas escolhas e que nelas estejam escondidas nossas maiores e mais significativas entregas.

AGOSTO

06

FOGO

Hoje, peço a Deus que seja extinta de mim, por um fogo que jamais se apaga, minha capacidadede de formar a mim mesma naquilo que eu não deveria ser.

Onde sou a pior que posso ser, que haja um fogo amoroso a me ajudar, pois posso crescer, apesar de toda a história que há em minhas costas.

Onde sou escura, que a luz venha! Onde não espero mais, que me acorde para a ressurreição! Onde sou cansaço, que me aqueça e me repouse no silêncio das palavras e da voz. Onde sou frágil, que o fogo do amor me dê segurança de seguir.

Que o fogo brando da misericórdia me alcance, retirando de mim o que eu mesma adquiri e ainda não aprendi a soltar.

Conheça minha livraria *ZFbookstore*

Os livros são uma paixão à parte em minha vida. A cada livro uma aventura, uma experiência nova, um universo que se abre em meu interior.

Foi um presente que me dei aos meus 30 anos de carreira, inaugurar a minha livraria *on-line*.

A *ZFbookstore* têm sido uma fonte de cultura para muitos e, para mim especialmente uma realização pessoal.

Desfrute! Vale muito a pena!

AGOSTO
08

DONS

Fiquei cruzando os fatos da vida ultimamente e perguntei a Deus se ando vivendo direito. Se ando no caminho que realmente me pertence e se estou pelo menos ficando parecida, mesmo que de longe, à pessoinha que Ele pensou que eu poderia ser. Se estou multiplicando meus talentos e entregando até o último respirar do dia em função do grande sentido da minha vida.

E Ele, nesse silêncio que nos abraça e aproxima sempre, me respondeu que o tempo é o pai da verdade nas minhas escolhas e que a garantia do melhor virá com a consequência do plantio. Mas, se houver alegria... *"Ah, se houver alegria verdadeira"*, será um bom e grande sinal, uma grande possibilidade de eu estar vivendo realmente a vida que eu nasci para viver!

E eu aceitei perder o sono por esse exato motivo: alegria pura em estar vivendo e oferecendo intensamente todos os dons recebidos. Estou a caminho! Deus sorriu e disse: "*Volte a dormir, menina! Volte a dormir!*". Eu sorri também. E não senti mais medo. Nasci para isso!

AGOSTO

10

DESPRENDIMENTO

Onde foi que aprendemos essa mania degradante de pedir para sermos amados? Disfarçamos! Escondemos! Fingimos! Fazemos de tudo para não dizer exatamente o que está estampado na nossa cara: um pedido doentio por afeto, aceitação e apoio. Onde foi que adquirimos essa ausência de dignidade, essa dúvida do Amor Divino que paira sobre todos nós?

Sei que há uma criança em cada um de nós, pedindo atenção, e um ego gigante, dando trabalho diário, querendo espaço e criando confusão. Eu até entendo! Mas é tão lógico pensar que nem todos vão me amar como espero, que não consigo me conformar com uma vida desperdiçada, esperando algo de outras pessoas que nunca virá! Estamos dormindo? Não é possível!

Lembro-me de amigos da adolescência que ficaram bem chateados comigo quando comecei a trilhar um caminho diferente e, porque não dizer, naquela época, ousado demais para uma pirralha. Mas, mesmo assim, eu fui. Com a cara, a coragem e os poucos quilos que tinha. Era muita vida num minúsculo ser!

A solidão doeu. Eu sentia falta deles e queria muito a compreensão e o apoio de cada um, e não vieram. Doeu por muito tempo. Seguiu doendo e, depois de doer muito, eu comecei a entender: decisões implicam perdas. Mas só assume as perdas quem sabe o que quer.

O tempo me revelou que foi umas das melhores decisões que tomei na vida: andar segundo o profundo da minha consciência, e não segundo os berros desesperados da minha carência. Entendi que tudo o que espero de amor está exatamente na medida que preciso doar, antes de receber.

Doar-se livremente acaba com todas as frescuras que inventamos na vida e encerra a expectativa que injustamente jogamos nas costas de quem não tem sequer a mínima ideia do que estamos sentindo. A liberdade está a um passo de nós mesmos. É preciso cortar a corda e andar com nossos próprios pés! Ninguém precisa mendigar amor. Amor se merece.

AGOSTO

11

TEMPERANÇA

Às vezes, sinto uma dor tão, mas tão grande, que não sei o que fazer para que ela passe logo e me deixe viver a vida em paz outra vez. Ela me cega a capacidade de ver a realidade. É pior do que não ver. Chega de vez em quando e sem aviso, me rouba a lucidez e o brilho, me enruga a testa e me tira a gargalhada.

No exato momento em que ela se instala e parece me roubar por completo, ouço um convite, sutil e poderoso, doce e amoroso. Uma Sagrada Voz, que me conduz a um lugar novo, nunca visto nem pisado antes. Lugar onde a visão é nova e o compreender a vida ganha outra forma: o sentido da dor fica absurdamente claro e evidente, pois ali é um lugar além de mim mesma. E a Sagrada Voz me vence!

Tudo começa a mudar e já não penso em tirar a dor de mim, mas a desejar com toda força o lugar ao que ela me leva. Acho que é assim que descubro o sentido da vida: uma bela flor, antes toda revestida de dor, agora sustentada em amor e decisão. É assim que minha existência tem sido temperada.

AGOSTO 12

PEQUENEZ

"Abençoados aqueles que veem coisas belas em lugares humildes, onde outras pessoas não vêem nada."
(Camille Pissarro)

Faz um tempinho, fiquei um pouco fragilizada em minha saúde. O corpo me disse o que meu intelecto não soube entender. Foi como se a mente tentasse esconder o que corpo teimava em mostrar. Ainda bem que ele conseguiu dar seu recado!

O que pensamos não é suficiente para vivermos bem. É preciso que, na pequenez que nos provoca nossa percepção sobre nossos limites, a sutileza da sensibilidade seja ouvida e respeitada.

Tenho visto em mim mesma que, sempre na expressão do sintoma, há uma alma que fala. E fala comprometedoramente. Aquilo que não se transforma em palavra, o corpo luta por falar. Por isso, adoece.

Que a palavra nos ajude, a lucidez nos alcance e nosso corpo seja protegido pela sabedoria que em nós fala e nos habita.

AGOSTO
14

GENTILEZAS

Eu adoro um cafezinho. E se é feito por minha mãe, tem um sabor todo especial e o cheiro é de amor: *"Qué café, fia?"*. Das frases mais lindas de se ouvir de uma mãe para uma filha! Há tanto nessa pergunta: *"Quer meu tempo para você, minha filha?"*, *"Posso lhe fazer feliz um pouquinho, minha filha?"*, *"Posso acalmar seu dia, minha filha?"*, *"Posso te descansar um pouco, filhota?"*. Se soubéssemos tudo o que se esconde em uma xícara de café oferecida com amor, serviríamos muitas mais durante o dia.

Às vezes, chego à casa dela cansada, sem ânimo e querendo fugir dos afazeres. Mas, quando ela chega com aquela xícara colorida e aquele jeito que só "Lady Mary" tem, eu me derreto... e ganho força para mais uma vida inteira, só tomando aquela poção mágica: café feito de amor de mãe!

A gente também consegue ter gestos assim. Só estamos desacostumados. Nossa cultura atual está perdendo as gentilezas de vista. Vamos servir um cafezinho com amor ainda hoje? Para quem não gosta, pode ser um chá mesmo. Só não vale ficar sem amor!

AGOSTO

16

PRESENTES

Amor verdadeiro precisa de respiro, distância e respeito. Respiro porque, às vezes, queremos pensar e amadurecer em lugares da alma onde ainda não somos tão livres e precisamos estar um pouco distanciados de quem muita influência tem sobre nós.

Distância porque é saudável e revela as dependências que insistimos em construir com pessoas que talvez nos "tapem" onde ainda somos "vazios". Parece que só a distância, e não somente a física, revela a intenção reta que temos diante de alguém. O que somos em segredo deveria ser o que somos em público. Mas nem sempre é assim.

Respeito porque, após um respiro e uma saudável distância, podemos nos surpreender com as decisões que tomamos e que outros tomam em relação a nós. E aí é preciso respeitar-se e respeitar.

Nunca vi amadurecimento sem dor. E dor respeitada é dor bem aproveitada.

AGOSTO

20

ESPERANÇA

    A esperança passou por aqui. Saiu dando saltos pela casa, pela sala, pela cozinha, enchendo meu peito de força, coragem e vida!

    A esperança passou por aqui e disse que vai voltar. E que eu a espere com o café na mesa, e que a gente possa assar pão de queijo na hora, para comer quentinho e aquecer os esquecimentos, aliviar as saudades e fortalecer os laços.

    A esperança passou por aqui e tinha rosto de criança, sorriso maroto, atenção serena. Ela me fez caretas, me mandou beijos e não queria ir embora, porque sabe que, por onde ela passa, o amor permanece e perfuma tudo.

    A esperança passou por aqui e me entregou beleza de presente, embrulhada em sorrisos, planos, projetos e sonhos. A esperança não decepciona, mas tampouco se apressa. Ela gosta é do agora!

A esperança passou por aqui e me encheu de descanso. Me tirou melodias da alma e esparramou em entrega, pois não sossega enquanto não multiplica a vida e gera mais vida em tudo.

A esperança passou por aqui e eu perdi o sono. Ganhei mais energia e inventei mais trabalho. Aaahhh, esperança! Ela é cega e adora caminhar descalça e sem pudor em minha pequenez tão evidente.

A esperança passou por aqui, mas me disse que ia aí para a sua casa depois da minha. Ela já chegou?

www.angeluseditora.com

Este livro foi impresso pela Gráfica Loyola